CB049016

na Luz
da Vitória

InterVidas

José Carlos
DE LUCCA

CATANDUVA, SP, 2018

na Luz da Vitória

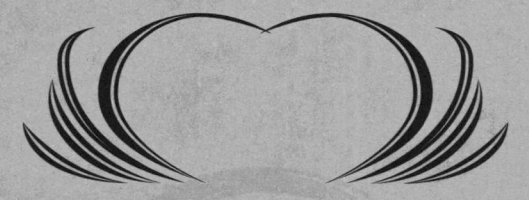

Ao caro Chico Xavier,
mensageiro das estrelas,
minha gratidão não apenas por seus
iluminados livros, mas, sobretudo, pelo
livro de sua vida, através do qual
lemos o Evangelho de Jesus
na prática.

Quanto a mim, que tive organismo resistente e fibra espiritual saturada de energia, sinto que, em outras vidas, procedi mal e cometi crimes nefandos. Minha atual existência teria de ser um imenso rosário de infinitas amarguras, mas vejo tardiamente que, se houvesse ingressado no caminho do bem, teria resgatado um montão de pecados do pretérito obscuro e delituoso. Agora entendo a lição do Cristo como ensinamento imortal da humildade e do amor, da caridade e do perdão – caminhos seguros para todas as conquistas do espírito, longe dos círculos tenebrosos do sofrimento!

SENADOR PÚBLIO LENTULUS

Francisco C. Xavier, Emmanuel [Espírito]. *Há 2000 anos.* FEB.

Sumário

Breves Palavras

COM MUITA ALEGRIA, APRESENTO AO PÚBLICO MAIS UM livro. Singelo como os demais, este novo trabalho tem o propósito de nos ajudar a compreender os objetivos de nossa jornada espiritual neste planeta e a lidar com os inúmeros obstáculos que surgem durante a nossa passagem por aqui.

Ao longo do livro, o leitor perceberá que alguns conceitos apresentados se repetem, e isso foi proposital, na medida em que quase todos nós ainda não temos uma noção muito clara de quem somos, do que viemos fazer neste mundo de tantos desafios diários, para onde vamos quando chegar o momento de deixarmos este plano de vida e como tudo isso está interligado pelas leis espirituais que regem nossos destinos.

Mesmo aqueles que já têm certa familiaridade com esses temas, comumente, encontram dificuldades de aplicá-los na vida prática. Daí porque insisti em retomá-los em diversos capítulos, para melhor assimilação das principais ideias que definem a nossa vida como uma jornada de crescimento espiritual. E, nesse contexto, poderemos entender o motivo do nosso sofrimento, como também os caminhos que podem nos levar à superação das nossas dores.

Para desenvolver esses raciocínios, servi-me dos princípios básicos do espiritismo expostos nas obras de Allan Kardec e de Francisco Cândido Xavier, além de outros autores que considerei relevantes. Meu objetivo não é converter ninguém, mas expor as claridades da doutrina espírita para quem está precisando de novas luzes para entender as tramas da vida e como sair do labirinto de aflição em que, muitas vezes, nos encontramos.

A ignorância espiritual tem nos mantido presos aos ciclos de dor e sofrimento na face da Terra. Na maioria dos casos, nos quais eu me incluo, temos vindo à experiência terrena e dela regressado como Espíritos derrotados pela ignorância espiritual, pelo egoísmo e pelo orgulho, que tanto mal nos têm feito, pelo desânimo diante dos obstáculos, pelo medo de viver, pela rebeldia, que nos afasta das lições necessárias ao nosso crescimento, por uma consciência disfuncional, que apenas alimenta o carma negativo que vem se acumulando ao longo de muitas existências. É por essa razão que, na Terra, as aflições ainda sobrepujam as alegrias, e o planeta ainda é considerado um grande hospital/escola.

Está mais do que na hora de darmos um basta a esse ciclo de tanto sofrimento por causa da dureza do nosso coração! Jesus está nos chamando há mais de dois mil anos:

Vinde a mim todos os cansados e sobrecarregados, e eu vos darei descanso. Tomai sobre vós o meu jugo e aprendei de mim, porque sou brando e humilde de coração. Pois o meu jugo é suave e meu fardo é leve.[1]

É chegado o tempo em que a humanidade terrestre deve avançar no caminho de sua própria regeneração. Cada um de nós está sendo chamado a fazer essa obra na intimidade de si mesmo. Brandura e humildade são as primeiras virtudes que nos integrarão ao programa redentor que o Governador Planetário instituiu para cada um de nós. O Evangelho é o remédio que nos cura a alma derrotada e a lição que nos promove na escola da vida. É a luz da vitória sobre a nossa inércia espiritual de milênios!

Sinceramente, desejo que este despretensioso livro seja qual chama de pequena lamparina a clarear seus passos rumo a uma existência mais humana e espiritualizada. Estarei orando por sua caminhada!

Ore pela minha também!

JOSÉ CARLOS DE LUCCA
Outono de 2018

---

1. *Mateus 11:28–30.*

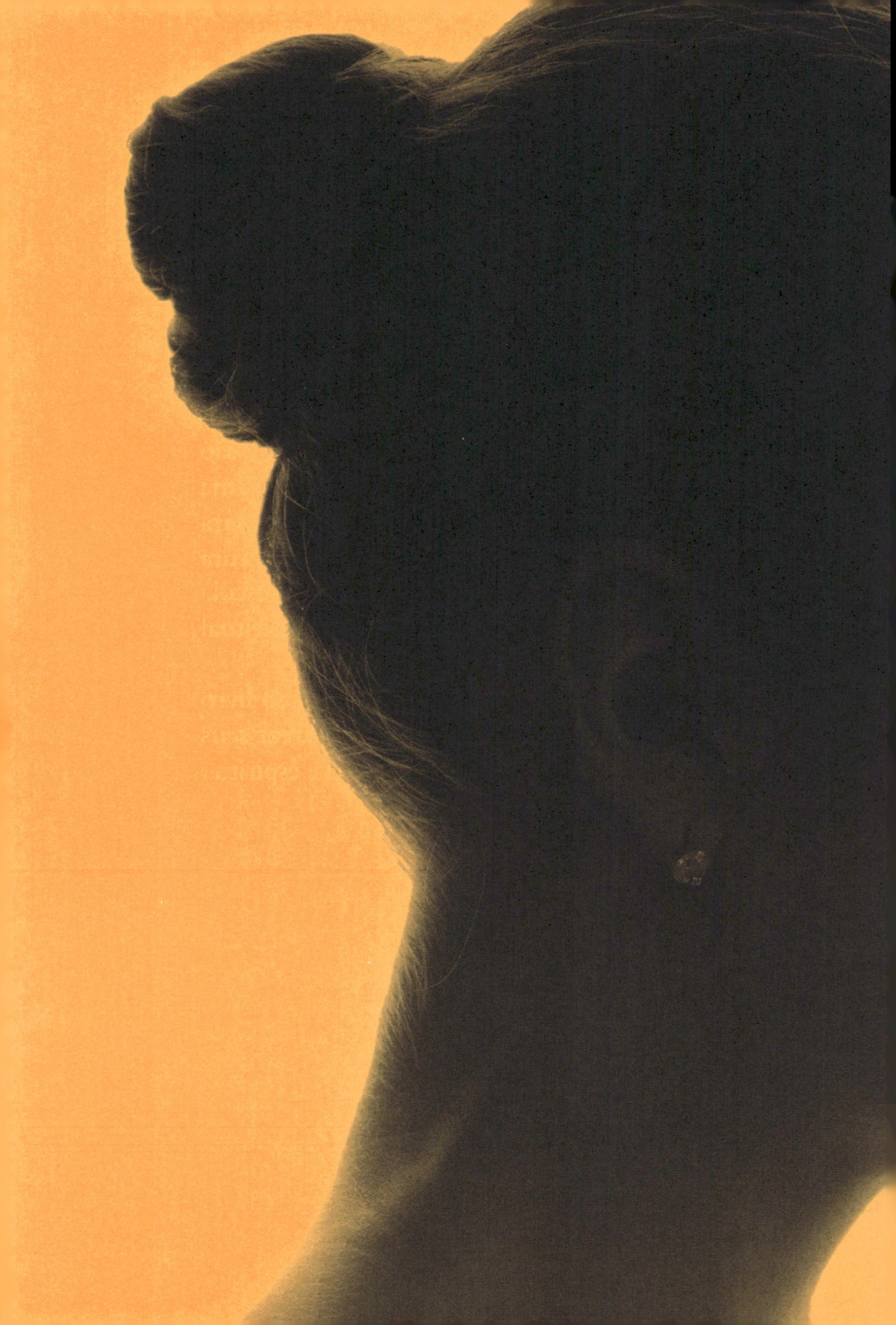

O Evangelho
é o remédio
que nos cura
a alma derro-
tada e a lição
que nos pro-
move na escola
da vida. É a luz da
vitória sobre a
nossa inércia
espiritual de
milênios!

Deus Te Levantará

> *Em qualquer circunstância, pensa em Deus. Mesmo que hajas caído no mais profundo abismo, crê no bem e espera por Deus, porque Deus te levantará.*
> **EMMANUEL**

Francisco C. Xavier, Emmanuel [Espírito]. *Urgência*. GEEM.

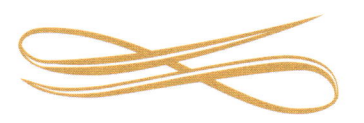

Em qualquer circunstância, pensa em Deus. Mesmo que hajas caído no mais profundo abismo, crê no bem e espera por Deus, porque Deus te levantará.
EMMANUEL

NO AUGE DE SUAS CRISES, PARE UM MINUTO PARA PENSAR EM Deus.

Não imagine um Deus distante, inacessível, indiferente ao que está ocorrendo em sua vida. Jesus nos apresentou Deus como um Pai que tem amor por seus filhos.

Por mais distante que você se sinta Dele, por mais espinhoso que seja o seu problema, por mais culpa que você talvez carregue, pense que o Pai o ampara neste exato momento, e tem um plano para tirá-lo do abismo. Será preciso, porém, você se render, abrir mão do controle, não querer mais nadar contra a correnteza e deixar que a sabedoria divina o guie para novos caminhos. É o que, com outras palavras, dizemos na oração do Pai-Nosso: "Senhor, seja feita a sua vontade". Você vai ter que dizer isso com total aceitação e entrega.

Como ensina Osho:

O grande ensinamento é a rendição, ceder teu controle e deixar que o Todo-Poderoso te arrebate para onde quer que deseje levar-te. Não andes contra a corrente. Deixa-te ir com o rio, torna-te o rio e o rio já está indo para o mar. Esse é o grande ensinamento.[2]

Ao pensar com confiança e entrega neste Pai que o socorre nesse instante, você já começará a experimentar as primeiras melhoras. Sua atmosfera espiritual mudará para melhor, pois você estará permitindo que a Luz de Deus penetre os recessos de sua alma. Faça isso várias vezes ao dia.

Creia no bem que o envolverá, mesmo que, por ora, você não enxergue uma solução. Não importa, e isso não o deve atemorizar, porque você sabe que, no fim do túnel, Deus tem uma luz guardada só para você. Como esclarece Meimei: "Deus tem estradas onde o mundo não tem mais caminhos."[3]

Essa crença, porém, será mera expectativa. A verdadeira crença é a observação das lições que você precisa aprender durante a travessia do seu deserto, é não adiar mais as mudanças que você sabe que precisa fazer, é ter coragem para enfrentar os ventos contrários, é sentir

---

2. Apud Andrei Moreira. *Reconciliação*. AME.

3. Francisco C. Xavier, Meimei [Espírito]. *Amizade*. Ideal.

que, em meio a todas essas dificuldades, Deus está querendo fazer de você uma pessoa melhor.

Entregue-se de corpo e alma a esse projeto divino! Sim, Deus tem planos maravilhosos para você; a única fatalidade à qual você e todos nós estamos destinados é a felicidade! Os problemas de agora talvez lhe estejam embaçando a visão, mas eles são como a neblina, que logo se dissipa quando surge a luz. O homem de fé enxerga o caminho em plena escuridão! Mesmo quando se perde na estrada, ele não para de andar, porque sabe que Deus está guiando seus passos. E, às vezes, encontrar um obstáculo intransponível pode ser a mão de Deus mudando seu caminho para sair da floresta.

Lembre-se, porém, de que a fé sem obras é morta, não serve para nada. Agora mesmo você pode começar o seu caminho de libertação do sofrimento. Aceite a sua realidade e faça dela o melhor que puder. Mas faça isso com Deus.

Age em Deus, confia em Deus, e Deus te levantará!

A fé sem obras é morta, não serve para nada. Agora mesmo você pode começar o seu caminho de libertação do sofrimento. Aceite a sua realidade e faça dela o melhor que puder. Mas faça isso com Deus.

Andar Desarmado

2

*Toda violência praticada por
nós, contra os outros, significa
dilaceração em nós mesmos.*
DIAS DA CRUZ

Francisco C. Xavier, Espíritos diversos. *Vozes do grande além.* FEB.

Toda violência praticada por nós, contra os outros, significa dilaceração em nós mesmos.
DIAS DA CRUZ

A LEI DE DEUS É AMOR, E O AMOR PEDE RESPEITO AO PRÓXIMO. Respeito pela sua humanidade, pela sua dor e fragilidade, pela sua luz e sombra, por seus feitos e fracassos, por suas glórias e feridas. Quando perdemos o parâmetro da nossa humanidade, somos envoltos pela crueldade, pela dureza de coração, pela impiedade e insensibilidade, portas abertas para a violência, em suas mais diversas escalas.

A agressividade contra o outro, porém, seja ela física ou verbal, não deixa de acarretar danos a quem agride. Ninguém fere sem também ser ferido! Ninguém machuca sem também ficar machucado. Jesus afirmou: "aqueles que usarem da espada, pela espada morrerão".[4]

Não é de se desconsiderar também que aquele que fere assim o faz porque já se sente ferido; o que ataca já se sente atacado. De qualquer forma, agir no mesmo nível em que somos atingidos nunca será atitude adequada para uma resolução saudável dos nossos conflitos.

4. *Mateus 26:52.*

Ouçamos a voz terapêutica de Jesus nos convidando a guardar nossas espadas, a dar a outra face. Vamos limpar nossas feridas, apaziguar nossa alma, perdoar quem nos feriu, e não agir da mesma forma como fomos agredidos. O "olho por olho" apenas nos deixará cegos...

As espadas são muitas, não necessariamente armas de ataque físico. A palavra, por exemplo, dependendo de como empregada, é uma das mais perigosas armas, através das quais é possível destruir uma vida. O pensamento de ódio, por sua vez, também pode ser "espada" que fere, capaz de envolver a vítima em vibrações de baixa energia, prejudicando-a, caso esteja, de igual modo, cultivando dentro de si pensamentos equivalentes.

Toda maldade, porém, se volta fatalmente contra quem a praticou, em forma dos mais variados problemas, sobretudo doenças físicas e emocionais. O que fazemos ao próximo estamos fazendo a nós mesmos – aí está uma das leis espirituais mais importantes que Jesus nos ensinou. Todo ato de desamor, nas suas mais variadas expressões, encobre de sombras a nossa consciência divina, o ser de luz que somos, e a escuridão nos leva ao poço das vibrações negativas, que prejudicam o nosso equilíbrio físico, emocional e espiritual.

Não se trata de um castigo divino, mas de um processo de sensibilização espiritual, que nos faz sentir na própria pele os efeitos do mal que causamos ao próximo, a fim de que a nossa consciência desperte para a necessidade de vivermos em harmonia com nós mesmos e com nossos semelhantes.

O caminho é o da reconciliação com nossos adversários, como afirmou Jesus,[5] sem esquecer que o nosso maior adversário, no mais das vezes, somos nós mesmos. Não há cura das nossas relações conflituosas, das nossas doenças, das nossas culpas, da nossa vida caótica, sem esse processo de harmonização com nós mesmos, com as pessoas que cruzam a nossa história e, muitas vezes, com a imagem negativa que acreditamos que Deus tenha feito a nosso respeito.

Nosso maior adversário, eu diria, sem medo de errar, é o orgulho! Ele se manifesta quando nos sentimos superiores aos outros, com mais direitos do que eles, querendo tudo para nós. Surge quando queremos exclusividade, quando não levamos em consideração as necessidades do outro, quando pisamos em suas mais legítimas necessidades, quando, para atingirmos nossos interesses, usamos as pessoas como "escadas". Disso tudo resultam muita violência com o próximo e muitos problemas para nós!

Por isso mesmo, a humildade surge como a primeira e mais urgente necessidade capaz de possibilitar essa reconciliação. Eu preciso dizer ao orgulhoso que mora em mim que ele não é a única pessoa do planeta! Que

---

5.   *Mateus 5:25.*

ele é importante, mas não é o mais importante. Que ele faz parte da família de Deus, na qual todos são amados e bem-vindos. Que cada ser humano é sagrado, portanto merecedor de todo o nosso respeito e cuidado. Que ele é humano e, assim, imperfeito, como qualquer outro, de modo que só o espírito de compreensão recíproca é capaz de fomentar relações saudáveis.

Reconhecer a vulnerabilidade típica da nossa humanidade, tolerar as imperfeições alheias, perdoar a inconsistência de cada um, desenvolver o espírito de fraternidade, remédios que Jesus prescreveu em seu Evangelho, representam medidas preventivas contra nossos acessos de agressividade. A humildade acende a luz da vitória. O orgulho é franca derrota!

É chegada a hora de colocar um fim nesse ciclo de violência gerando violência, desamor gerando doenças, guerras e infelicidade! Vale a pena seguir esse precioso conselho de Chico Xavier:

> *Façamos uma campanha contra a violência, a começar de nós mesmos. Tenhamos mais paciência dentro de casa, no trânsito, no trato com os familiares... Uma palavra pronunciada em tom um pouco mais alto desencadeia vibrações que se propagam. Conversemos sem alterar a voz. Não aposentemos o sorriso. Vivamos*

descontraídos, apreciando a beleza em torno de nós. Os homens se armam porque os espíritos dos homens andam armados... Ninguém pode nos fazer uma contrariedade, que queremos partir para o revide.[6]

Vamos andar desarmados?

6. Mucio Martins (org.). *Lições de Chico Xavier de "A" a "Z"*. LEEPP.

A humilda-
de acende a
luz da vitó-
ria. O orgulho é
franca derrota!

Viver Não Dói

3

*Os verdadeiros mortos estão
sepultados na carne terrestre.*
EMMANUEL

Francisco C. Xavier, Espíritos diversos. *Servidores no além.* IDE.

Os verdadeiros mortos estão
sepultados na carne terrestre.
EMMANUEL

MORTO NÃO É AQUELE CUJA VIDA FÍSICA EXPIROU. A MORTE É simples passagem do Espírito para a vida em outro plano de existência.

A reflexão que se propõe neste capítulo é que a morte – aqui entendida como ociosidade, ausência de vontade, inexistência de sentido de vida, indiferença, preguiça, vitimismo, falta de esforço, descrença generalizada – pode "sepultar" a criatura ainda na experiência física. Os verdadeiros mortos estão biologicamente vivos, embora espiritualmente enterrados no túmulo do imobilismo.

Alguns permanecem no inferno da culpa, em virtude dos erros cometidos, ao qual se acham irremediavelmente condenados por Deus, esquecidos, porém, de que a Justiça Divina anda de mãos dadas com o Amor, sempre abrindo portas para a recuperação do equivocado, o que se dará através do arrependimento, do compromisso com sua transformação interior e da reparação de seus enganos.

Outros vivem como fantasmas da revolta, exatamente porque a vida não lhes atendeu às expectativas de felicidade, que, na verdade, não souberam construir a partir da aceitação da realidade, seguida do esforço para transformá-la naquilo que era possível. Revoltaram-se pela frustração de não gozarem de uma felicidade total, e, com isso, deixaram de usufruir da felicidade compatível com a nossa condição humana. Se não fossem tão exigentes com a felicidade, poderiam ter vivido muitos bons momentos, os quais nem foram capazes de enxergar.

Outras vezes, não interpretaram os naturais revezes da existência como lições de humildade, resiliência e aperfeiçoamento íntimo, virtudes tão fundamentais para quem deseja ser feliz.

Também encontramos milhares de mortos no túmulo do medo de viver, de sofrer decepções e perdas. Por isso não tentam, não arriscam, não ousam, protegem-se tanto, que vivem numa bolha, perdendo o melhor da vida.

Pensando nesses mortos-vivos, eu me lembro de Jesus ressuscitando Lázaro. O Mestre afirma que seu amigo Lázaro dormia e que ele iria despertá-lo. Quantas vezes também estamos dormindo diante da vida que nos cabe viver? Quantas vezes ficamos como crianças na cama, que não querem levantar para ir à escola, porque fazer lição é muito chato? Desejam apenas brincadeiras, festas, diversão e detestam disciplina, esforço, autoaprimoramento.

De fora da sepultura, Jesus chama pelo amigo dormente: "Lázaro, vem para fora."[7] Eu sinto que Jesus faz assim conosco neste momento, faz assim comigo, faz assim com você, porque quase todos nós somos mortos-vivos, pois vivemos menos do que poderíamos estar vivendo, sepultando sonhos antes de a vida física acabar, enterrando talentos que nos levariam a experiências mais gratificantes, não enxergando que, mesmo nos dias mais difíceis, sempre há o que agradecer e pode nos tirar um sorriso no canto dos lábios.

Léon Denis, escritor espírita de que gosto muito, afirma:

Não há alma que não possa renascer, fazendo brotar novas florescências. Basta-vos querer para sentirdes o despertar em vós de forças desconhecidas. Crede em vós, em vosso rejuvenescimento em novas vidas; crede em vossos destinos imortais. Crede em Deus, Sol dos sóis, foco imenso, do qual brilha em vós uma centelha, que se pode converter em chama ardente e generosa![8]

---

7. *João* 11:43.
8. Léon Denis. *O problema do ser, do destino e da dor.* FEB.

É preciso renascer na própria vida, várias vezes. Para todos os vivos que estão enterrados, ouçamos o poeta Emílio Moura nos tirando do túmulo: "Viver não dói, o que dói é a vida que se não vive. Tanto mais bela sonhada, tanto mais triste perdida."[9]

---

9. Disponível em: <https://www.pensador.com/frase/MTA1N DkwNQ>. Acesso em: 14 fev. 2018.

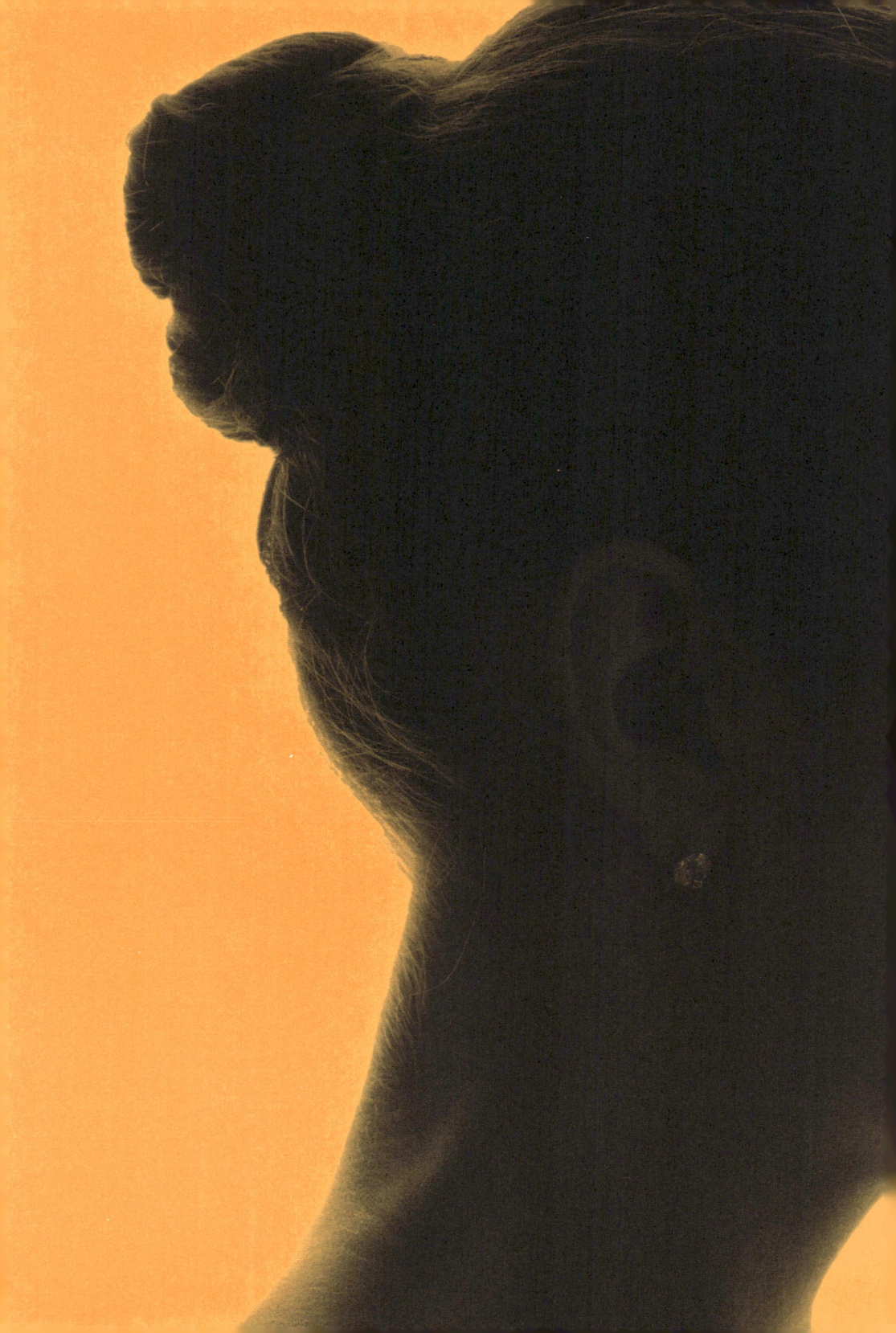

É preciso renascer na própria vida, várias vezes. Para todos os vivos que estão enterrados, ouçamos o poeta Emílio Moura nos tirando do túmulo: "Viver não dói, o que dói é a vida que se não vive. Tanto mais bela sonhada, tanto mais triste perdida."

Tesouros Ocultos

4

Aceita as dificuldades com paciência, procurando guardar contigo as lições de que se façam portadoras. Nada acontece por acaso e, embora te pareça o contrário, até mesmo o mal permanece a serviço do bem.
ANDRÉ LUIZ

Francisco C. Xavier, Carlos Baccelli, Espíritos diversos. *Brilhe vossa luz*. IDE.

Aceita as dificuldades com paciência, procurando
guardar contigo as lições de que se façam portadoras.
Nada acontece por acaso e, embora te pareça o
contrário, até mesmo o mal permanece a serviço do bem.
ANDRÉ LUIZ

N ÃO HÁ CAMINHOS NA VIDA SEM OBSTÁCULOS!
O planeta Terra é nossa escola de desenvolvimento
espiritual, e em toda escola existem lições que precisamos assimilar e testes de verificação do nosso aprendizado. Quem foge da escola não aproveita os benefícios de
progresso e melhoria que o estudo assimilado propor-
ciona ao aluno aplicado.

O desânimo e a revolta impedem que a criatura re-
tire do lodo das dificuldades os lírios do seu progresso
material e espiritual. A aceitação dos nossos problemas
representa a primeira etapa da solução que haveremos de
encontrar, caso não fiquemos prisioneiros da apatia ou da
rebeldia. A aceitação é a chave que nos liberta dessa prisão!

Rubem Alves faz uma analogia interessante com o
milho e a pipoca. Ele diz que milho de pipoca que não
passa pelo fogo continua a ser milho para sempre. O
fogo é quando a vida nos lança numa situação que nunca imaginamos: a dificuldade, a perda, a doença, a morte
de um ente querido e tantas outras situações dolorosas.

Mas, sem o fogo, o milho não vira pipoca, fica sem a possibilidade da grande transformação, e a vida fica naquela mesmice.[10] Rejeitar o fogo é perder a oportunidade das grandes transformações em nossa vida! Será que a gente quer viver como milho cru ou se transformar em pipoca macia, que nutre e traz alegria às pessoas?

Nesse processo do fogo das transformações, precisamos observar quais são as lições que as dificuldades do momento estão nos trazendo. A vida é uma sala de aula e os obstáculos são os professores do nosso aprimoramento. Invariavelmente, cada problema traz em si uma mensagem de renovação!

A doença traz em si a lição da valorização da saúde.

A própria morte é a eficiente professora, que nos dá os melhores conselhos de como aproveitar a vida com sabedoria.

A decepção é a mestra que nos ensina a discernir o certo do errado.

O parente difícil é o professor rígido, que nos ensina antigas lições de amor e paciência que, até o momento, não fomos capazes de assimilar com eficiência.

Os obstáculos sucessivos nos induzem ao aprendizado da perseverança, sem a qual nenhuma vitória se estabelece.

---

10. Disponível em: <http://www.institutorubemalves.org.br/frases>. Acesso em: 6 set. 2018.

Estou certo de que a vida é uma grande sala de aula. Cada problema, um mestre. Por isso, uma pergunta é fundamental para sermos aprovados na escola da vida: que pessoa eu preciso me tornar para equacionar esse problema? É nessa pessoa que a vida quer me transformar; por isso, a sabedoria divina não vai tirar nossos problemas enquanto não aprendermos as lições que eles nos trouxeram. Na verdade, essas lições são presentes disfarçados, porque, para equacioná-las, acabaremos nos tornando pessoas mais fortes, habilidosas, capazes, maduras e, portanto, em melhores condições de progredir para conquistas ainda maiores.

Sejamos um bom aluno na escola da vida! Nada de fugir das aulas, fazer greve ou campanha para afastar o professor... Com paciência, determinação e entendimento de que a chegada de todo e qualquer problema é hora de promoção, vamos retirando as pedras do nosso caminho e nos surpreendendo com o fato de que, bem debaixo delas, há muitos tesouros escondidos.

Isso tem o nome de "vitória"!

Com paciência, determinação e entendimento de que a chegada de todo e qualquer problema é hora de promoção, vamos retirando as pedras do nosso caminho e nos surpreendendo com o fato de que, bem debaixo delas, há muitos tesouros escondidos. Isso tem o nome de "vitória"!

5

Virar o Pescoço

*Felicidade completa ninguém
precisa esperar, paz definitiva
eu nunca pude ver, nem nos
Espíritos que se comunicam
conosco... Ora, vamos nos
aceitar como somos e prosseguir
com muita fé em Deus.*
CHICO XAVIER

Mucio Martins (org.). *Lições de Chico Xavier de "A" a "Z".* LEEPP.

Felicidade completa ninguém precisa esperar, paz definitiva eu nunca pude ver, nem nos Espíritos que se comunicam conosco... Ora, vamos nos aceitar como somos e prosseguir com muita fé em Deus.
CHICO XAVIER

ÑAO ESPERAR PELA FELICIDADE COMPLETA É A PORTA QUE nos abre para a felicidade possível.

Quem condiciona a felicidade ao ilusório momento em que tudo na vida estiver correndo na mais perfeita ordem se tornará uma pessoa infeliz. Em nosso estágio de evolução espiritual, essa felicidade total seria um grande complicador para nós. Na condição de Espíritos ainda imaturos, sem um discernimento desenvolvido, sem uma clara ideia de autorresponsabilidade e com uma inteligência emocional ainda em formação, não criaríamos a consciência que ainda nos falta para viver com sabedoria, amor e equilíbrio. Não teríamos o contraste da falta para reconhecer o valor do que temos.

É por essa razão que a felicidade suprema só é acessível aos Espíritos evoluídos no amor e na sabedoria. Nós também chegaremos lá um dia. Porém, isso não quer dizer que estejamos condenados à infelicidade. De forma alguma! Já podemos desfrutar uma felicidade relativa. Felicidade relativa não é pouca felicidade, não é uma esmola de felicidade. Ela se manifesta diante da nossa percepção de que, se nem tudo está perfeito em nossa vida, há muitas coisas boas acontecendo ou com possibilidade concreta de acontecer, a depender das nossas atitudes.[11]

E a primeira atitude é o olhar. Se um copo está com água pela metade, eu digo que ele está meio cheio ou meio vazio? Como eu olho para esse copo é como eu olho para a minha vida, e isso definirá o grau de felicidade que eu serei capaz de sentir e criar. Esse grau pode variar de 0 a 100, mesmo no campo da felicidade relativa que podemos desfrutar. Basta ver que há pessoas que são muito felizes com pouco, enquanto outras são bem infelizes com muito.

A segunda atitude é viver sem grandes expectativas sobre as coisas, as pessoas e sobre nós mesmos. As grandes expectativas, geralmente, terminam em desilusões. Não é viver sem entusiasmo, mas é viver com mais contentamento pelo que é, e não pelo que deveria ser. A gente espera muito das coisas e das pessoas, como se vivêssemos num mundo em que tudo deveria ser absolutamente perfeito. Óbvio que o resultado disso tudo é uma sensação de frustração, o que nos leva a acreditar que nossa vida está uma droga.

---

11. Sobre o tema da felicidade, sugerimos a leitura das questões 920 e 921 de *O livro dos Espíritos*, de Allan Kardec.

A revolta é a grande inimiga da felicidade, estraga a nossa vida, faz-nos perder a encarnação. Depois, teremos que aguardar talvez séculos para voltar à Terra, ou a um outro mundo, para retomar a mesma vida que hoje estamos desperdiçando com a doença da insatisfação crônica. Deus sempre nos dá o que precisamos, nem sempre o que queremos.

A realidade não é tão ruim assim como a pintamos; é só enxergarmos os pequenos presentes que a vida nos dá a todo o momento. Neste exato instante, embora eu tenha vários problemas pendentes, dos menores aos maiores, tenho treinado minha percepção para enxergar as pequenas alegrias que passam todos os dias bem diante dos meus olhos, para as quais eu não virava o pescoço para olhar. E cada dia mais me convenço de que a felicidade é como um perfume francês: sempre vem em pequenos frascos...

Agora mesmo estou olhando o meu frasco e sinto a fragrância da felicidade espalhada pelas gotículas de coisas muito simples: o abraço que meu filho acaba de me dar, a cama que me espera para repousar, o cheiro do café amanhã ao despertar, os livros que tenho para ler, as linhas que tenho para escrever, as pessoas que me amam e tenho para amar...

Ficaria aqui contando muitos pequenos milagres que fazem da minha vida um pequeno grande espetáculo, com seus dramas, não há dúvida, mas com intervalos tão admiráveis, momentos tão incríveis, segundos de tirar o fôlego, que me tiram rapidamente dos inevitáveis pesadelos existenciais.

Que tal você começar a virar o pescoço também?

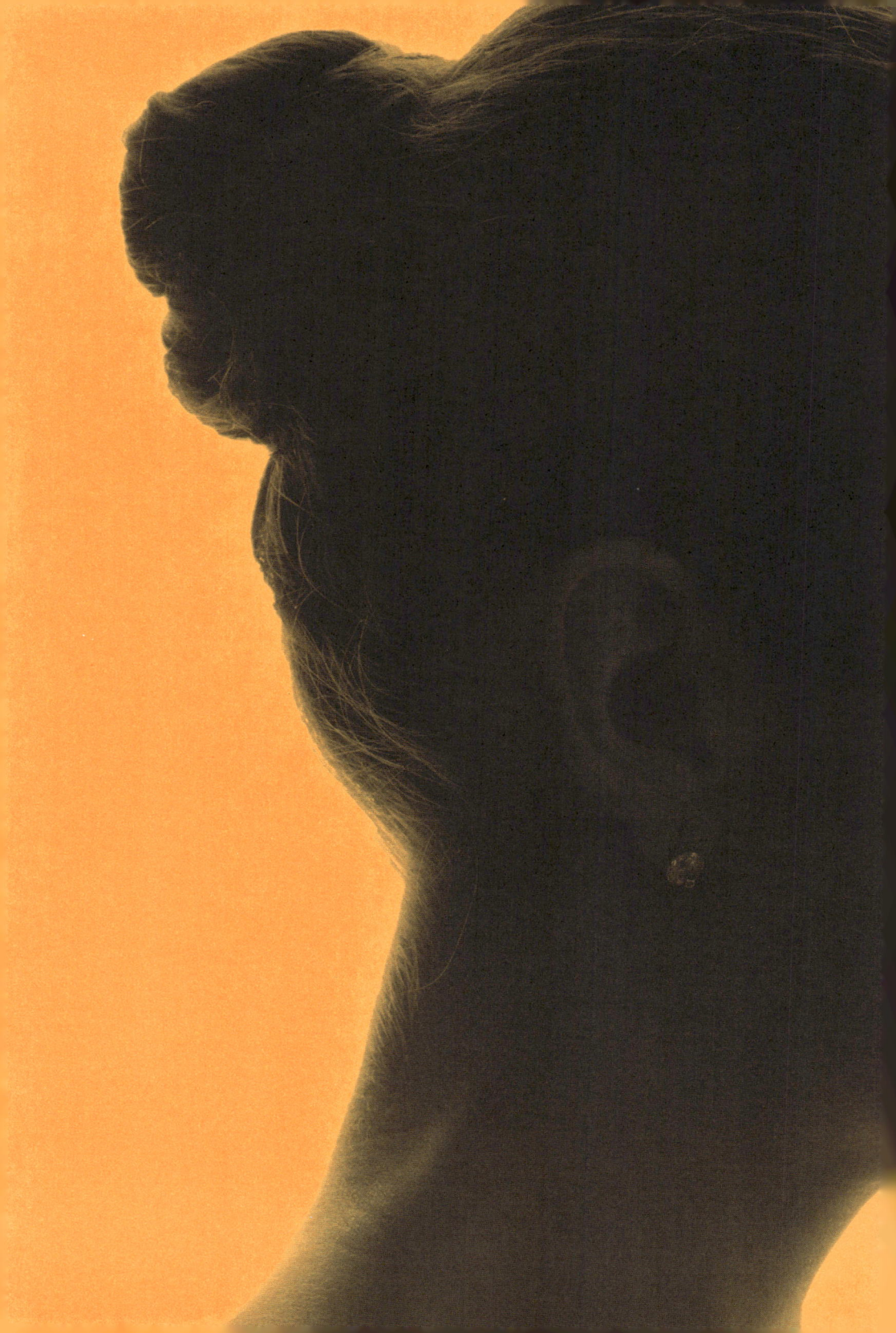

A felicidade é como um perfume francês: sempre vem em pequenos frascos... Estou olhando o meu frasco e sinto a fragrância da felicidade espalhada pelas gotículas de coisas muito simples: o abraço que meu filho acaba de me dar, a cama que me espera para repousar, as pessoas que me amam e tenho para amar...

6

Trombose Espiritual

> Quem sustenta a calma e a fé nos dias de aflição, encontrará a paz com brevidade e segurança, porque a dor, em todas as ocasiões, é a serva bendita de Deus que nos procura, em nome d'Ele, a fim de levar a efeito, dentro de nós, o serviço da perfeição que ainda não sabemos realizar.
>
> **NEIO LÚCIO**

Francisco C. Xavier, Espíritos diversos. *Através do tempo.* LAKE.

Quem sustenta a calma e a fé nos dias de aflição,
encontrará a paz com brevidade e segurança, porque a
dor, em todas as ocasiões, é a serva bendita de Deus que
nos procura, em nome d'Ele, a fim de levar a efeito,
dentro de nós, o serviço da perfeição
que ainda não sabemos realizar.
NEIO LÚCIO

VOCÊ PODE ATÉ SE CHOCAR COM ESSA AFIRMAÇÃO ESPIRItual: a dor é uma serva de Deus. É possível que você esteja se perguntando, tal qual eu já fiz inúmeras vezes: afinal, sendo Deus nosso Pai Amoroso, como Ele poderia permitir o sofrimento de seus filhos?

Encontrei no espiritismo uma explicação lógica e, ao mesmo tempo, libertadora: a dor nos visita com um bom propósito: o de provocar o nosso aperfeiçoamento! É uma lei de equilíbrio e educação, afirma Léon Denis![12] Nossos problemas geralmente se encontram nas zonas da nossa ignorância e infantilidade; por isso, a dor é um alerta, para que essas áreas sejam amadurecidas, a fim de que o Espírito empreenda o caminho da vitória.

Uma pessoa ingressa na maturidade quando: 1) assume a responsabilidade por sua vida, pelas escolhas que faz e pelas consequências que colhe; 2) aprende a lidar com suas naturais frustrações, pois, na vida, dificilmente

---

12. Léon Denis. *O problema do ser, do destino e da dor.* FEB.

alguém terá tudo o que deseja, de modo que o bem viver será sempre aprender a desfrutar tudo o que se tem; 3) sabe que não tem direitos ilimitados, pois esses terminam quando começam os direitos do outro.

Nossas dores de hoje são dores do parto de um ser mais crescido que a vida está fazendo nascer. Não dá mais para continuar como criança mimada, que não tem responsabilidade pelas bagunças do seu quarto, que chora sem parar até que seus desejos ilimitados sejam satisfeitos, que acredita que todas as demais pessoas existem apenas para satisfazê-la em suas necessidades. Ninguém será feliz desse jeito imaturo! As dores de hoje querem apenas forjar o nosso crescimento existencial.

Deus tem um plano maravilhoso para cada um de nós, assim como nós temos sonhos muito bonitos para os nossos filhos. Desejamos que eles cresçam, sejam saudáveis, se realizem, ganhem autonomia, progridam em todos os sentidos, enfim, sejam felizes. Em escala infinitamente maior, Deus também deseja o nosso crescimento, pois a maturidade é condição essencial da felicidade.

Quando, porém, resistimos ao nosso amadurecimento, deixando de agir de uma forma melhor do que aquela como temos agido, mais inteligente e mais amorosa, provocamos uma espécie de trombose espiritual, que emperra a nossa evolução e, assim, a nossa própria felicidade. A dor, portanto, é um sintoma importante, que nos avisa para a necessidade urgente de dissolvermos os coágulos da nossa imaturidade.

Dessa forma, a dor não é punição divina, castigo do céu ou coisa que o valha. É um mecanismo de despertamento da criatura para os potenciais que ela não está utilizando. Ela está dormindo e o problema vem acordá-la, incomodando-a até que ela mude algo dentro de si mesma.

As dificuldades são as grandes mestras do nosso desenvolvimento!

É aquele professor rigoroso, que nos obriga a estudar e, assim, assimilar o conhecimento, que abre portas ao nosso progresso.

É a doença que nos obriga a cuidar melhor da saúde.

É a carência econômica que nos ensina a importância do trabalho.

É o desamor de alguém por nós e que nos mostra a necessidade de nos amarmos.

É o desastre financeiro que nos mostra que a vida pode ser vivida com mais simplicidade.

É a situação desafiadora que faz despertar em nós a coragem de que não sabemos ser possuidores.

É a perda de um ente querido que nos abre os olhos para amarmos as pessoas enquanto elas estão ao nosso lado.

Quando a dor vier nos visitar, mudemos o ângulo pelo qual enxergamos o problema. As coisas são apenas o que imaginamos que são. Olhemos a situação como um tratamento espiritual, da mesma forma que uma pessoa se submete a uma cirurgia para remover um problema de saúde. Tenhamos calma e fé, sabendo que chegou para nós o tempo da promoção espiritual. Algo melhor acontecerá, tão logo iniciemos a cirurgia interior para remover pensamentos, sentimentos e atitudes que já não refletem o melhor que já somos capazes de fazer.

Na hora da dor, devemos nos perguntar: O que estou precisando aprender com esse problema? Onde estou precisando crescer? O que já poderia estar fazendo de forma diferente e melhor do que tenho feito? Que talento interior a vida está querendo trazer à tona?

Deus apenas quer uma versão melhorada de nós mesmos!

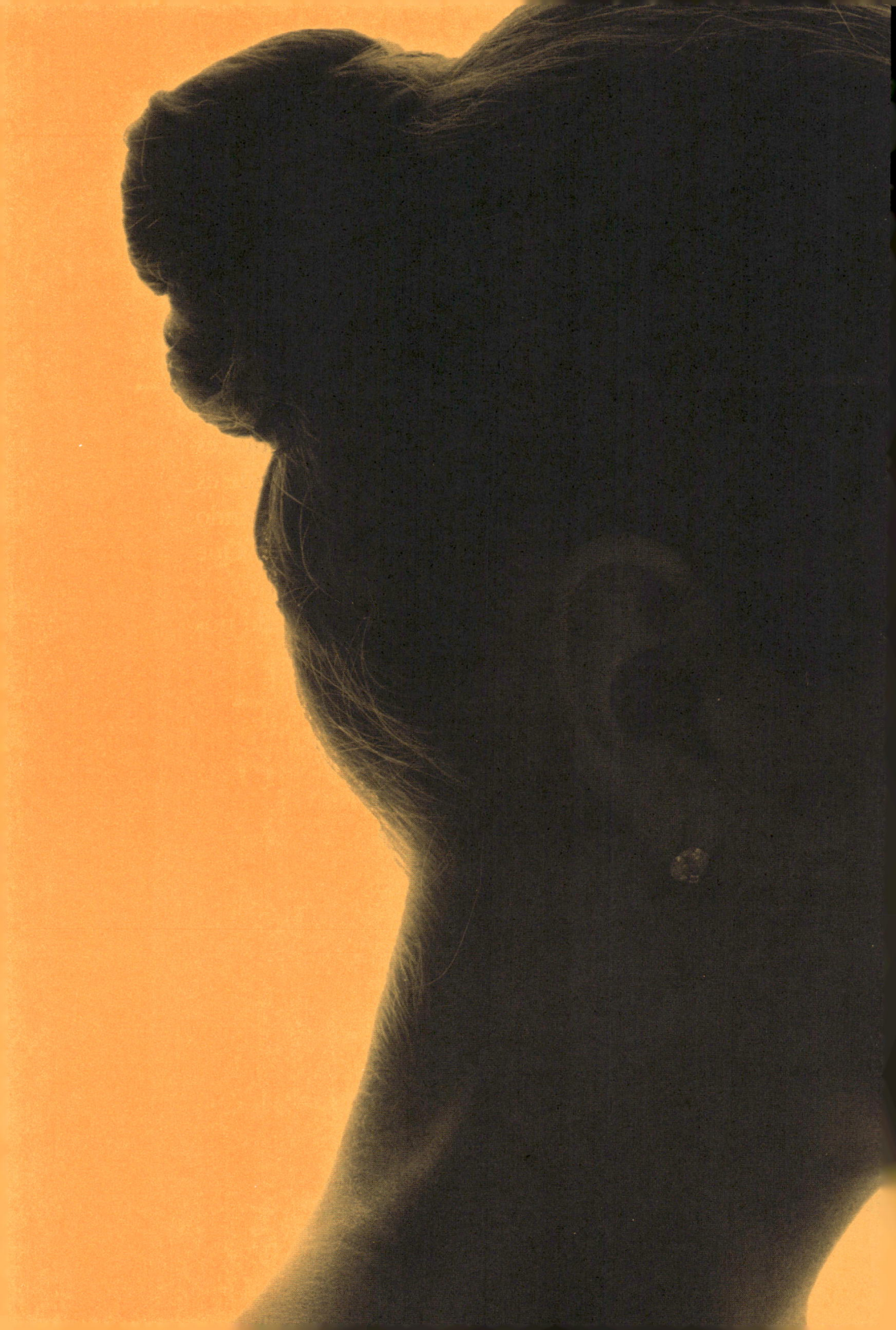

Na hora da dor, devemos nos perguntar: O que estou precisando aprender com esse problema? Onde estou precisando crescer? O que já poderia estar fazendo de forma diferente e melhor do que tenho feito? Que talento interior a vida está querendo trazer à tona? Deus apenas quer uma versão melhorada de nós mesmos!

Nós Somos os Campeões

7

As nuvens aparecem no céu, mas não obscurecem o Sol. Suportemos as dificuldades e as provações do caminho; aguentemos as rajadas de sombra que nos experimentam a confiança e sigamos à frente, sabendo que as mãos de Jesus amparam as nossas.
BEZERRA DE MENEZES

Francisco C. Xavier, Bezerra de Menezes [Espírito]. *Bezerra, Chico e você*. GEEM.

As nuvens aparecem no céu, mas não obscurecem o Sol. Suportemos as dificuldades e as provações do caminho; aguentemos as rajadas de sombra que nos experimentam a confiança e sigamos à frente, sabendo que as mãos de Jesus amparam as nossas.
BEZERRA DE MENEZES

NINGUÉM ESPERE NA VIDA UM CÉU SEMPRE AZUL. Haverá períodos em que nosso céu estará carregado de nuvens de dificuldades. Isso não quer dizer que o sol se apagou. Se sobrevoarmos as nuvens, veremos que o sol continua brilhando. Deus é esse sol que não se apaga de nossas vidas, mesmo quando se avolumam as nuvens dos problemas em torno de nossos passos.

Nesses momentos em que a aflição nos envolve, é preciso olhar acima das nuvens e enxergar que Deus acompanha atentamente a nossa caminhada, sabe que estamos em situação de prova evolutiva e cuida para que recebamos todos os recursos para nos sairmos vencedores. Ele, porém, não tira as nuvens; apenas nos ajuda a atravessá-las com as nossas próprias pernas, pois sabe que estamos em treino do nosso desenvolvimento espiritual.

No dia em que um dos meus filhos foi prestar vestibular, acompanhei-o até o local da prova. No trajeto, coloquei no som do carro uma canção do grupo Queen: *We are the champions* (Nós somos os campeões). Era essa a mensagem que eu queria passar ao meu filho, que ele era um campeão por todo o esforço que havia demonstrado até então, dedicando-se ao estudo com afinco.

Eu o acompanhei até o portão de entrada, e ele entrou só, provavelmente acompanhado das nuvens da insegurança e do medo. Mas felizmente ele se lembrou do sol que continuava brilhando acima das nuvens. O sol que cantava dizendo que ele era um campeão pelo esforço empreendido e que, por isso, deveria agir como um campeão, sem soberba, mas com autoconfiança em suas possibilidades.

Quanto mais ele se lembrava disso, mais confiança adquiria para mostrar suas capacidades. E ele, finalmente, tornou-se um vencedor, pois acreditou no sol interior que sempre está brilhando em cada um de nós! Allan Kardec foi enfático ao afirmar que a confiança nas próprias forças torna o homem capaz de executar coisas materiais que ele não pode fazer quando duvida de si.[13]

Talvez hoje estejamos também numa situação em que nos sentimos envolvidos por nuvens aflitivas, que nos causam medo e impotência. Nesses momentos, porém, jamais duvidemos de nós mesmos, jamais duvidemos da nossa capacidade de superação, da nossa força interior, capaz de enfrentar as maiores tempestades, e da

13. Allan Kardec. *O Evangelho segundo o espiritismo*. Tradução de J. Herculano Pires. LAKE. [cap. XIX, item 2]

nossa possibilidade de regeneração diante de qualquer fracasso.

Nesses momentos de aflição, vamos nos recordar de que as mãos de Jesus amparam as nossas! Essas mesmas mãos que suportaram o peso da cruz, que passaram pela grande prova e que a venceram, hoje, nos envolvem nas mais vigorosas energias de calma, resistência, coragem e esperança na vitória que está chegando, se não abandonarmos a nossa cruz sem aprender tudo aquilo de que nosso Espírito precisa para se tornar um vencedor.

Não nos identifiquemos com a dor, com a queda, com a doença, com a derrota! Alimentemo-nos de esperança! Como sabiamente afirmou Martin Luther King Jr.:

Se você perde a esperança, de alguma forma você perde a vitalidade, que mantêm a vida se movendo; você perde a coragem de ser, aquela qualidade que o ajuda a ir, a despeito de tudo. E, então, hoje eu ainda tenho um sonho.[14]

Jamais esqueçamos que, acima das nuvens mais espessas, para onde deveremos levar a nossa mente e coração, Deus estará cantando para nós: "Nós somos os campeões!"

14. Disponível em: <https://osegredo.com.br/20-citacoes-de-martin-luther-king-jr-para-te-inspirar>. Acesso em: 31 mai. 2018.

Jamais esqueça-
mos que, acima
das nuvens
mais espessas,
para onde de-
veremos levar
a nossa mente
e coração, Deus
estará cantan-
do para nós:
"Nós somos os
campeões!"

8

Apelo dos Que Partiram

*Se aqueles que deixamos
na Terra esmorecem na luta,
é preciso ser muito forte
aqui para não cairmos em
depressão. Tristeza é contagiosa,
entre os que se amam.*
ANDRÉ

Francisco C. Xavier, Espíritos diversos, Hércio
M.C. Arantes (org.). *Reencontros*. IDE.

Se aqueles que deixamos na Terra esmorecem na luta, é preciso ser muito forte aqui para não cairmos em depressão. Tristeza é contagiosa, entre os que se amam.
ANDRÉ

O AUTOR DA MENSAGEM ACIMA É O JOVEM ANDRÉ, ESTUDANTE de medicina no Rio de Janeiro, falecido aos 19 anos, vítima de um aneurisma cerebral. O médium Chico Xavier foi o intermediário da carta consoladora que André enviou aos desesperados pais, quatro anos após o seu regresso ao mundo espiritual. A mensagem está recheada de detalhes que eram totalmente desconhecidos do médium, o que fez com que os pais de André lhe dessem total credibilidade.

Basicamente, o filho suplica aos genitores que não esmoreçam diante do ocorrido, que a vida deveria prosseguir, tanto para os pais quanto para o filho, até que, um dia, se reunissem novamente na pátria espiritual, de onde todos viemos e para onde todos retornaremos. Na carta, André afirma que, na Terra, devemos ser descobertos pela morte, mas nunca devemos pensar em descobri-la. Sabia o filho, e não o médium, que, por diversas vezes, os pais pensavam em desistir da própria vida, ante o desenlace de André.

Essa tristeza de morte contagiava o filho, entristecendo-o também. Daí o seu apelo para que os pais extirpassem o desânimo da alma. Precisamos ter cuidado com os pensamentos que alimentamos em relação aos entes queridos que voltam à vida espiritual, pois eles, além de não estarem "mortos", porque a vida é eterna, sentem tudo o que sentimos e percebem também os nossos pensamentos.

E, se, de fato, os amamos, queremos que estejam bem na nova etapa de vida. Para isso, eles precisam sentir que, apesar da saudade, nós também estamos caminhando, levando a vida adiante, derramando uma lágrima aqui e ali, mas sem deixar que a saudade se transforme em desespero e nos paralise a existência, que deve seguir para todos, os que ficam e os que partem. Quem regressou não perdeu seu olhar para quem ficou, da mesma forma que os que ficaram não devem perder o olhar de esperança sobre a nova vida que se abre aos que viajaram antes de nós.

A morte não nos leva ao vazio, ao nada. Quando Jesus se despedia dos discípulos, antevendo a sua crucificação e morte, procurou tranquilizá-los, dizendo que, na casa do Pai, havia muitas moradas, e que ele, Jesus, iria preparar um lugar para que todos estivessem juntos.[15] Eu só posso crer que Jesus, que um dia nos prometeu

---

15. *João* 14:1-4.

vida em abundância, tenha preparado um lugar onde essa vida palpita muito mais bela, intensa, verdadeira, amorosa e com novos caminhos de expansão do nosso espírito imortal.

Em casos como o de André, geralmente, dizemos: "Que tragédia, um jovem com futuro tão promissor, estudante de medicina, teve sua vida ceifada tão prematuramente!" Mas quem disse que a morte acaba com nosso futuro? Quem disse que a vida se resume aos breves anos que passamos nesta diminuta dimensão terrena, quando comparada à imensidão de um universo em contínua expansão? Na carta recebida por Chico Xavier estão as respostas. André transmite aos pais a notícia de que terminou seus estudos de medicina no mundo espiritual, onde trabalha como médico, certamente ajudando a humanidade terrestre, ainda tão doente. Seria o caso de perguntarmos com o apóstolo Paulo: "Morte, onde está a tua vitória?"[16]

Nas belas palavras de Léon Denis:

Não peçais às pedras do sepulcro o segredo da vida. Os ossos e as cinzas que lá jazem nada são, ficai sabendo. As almas que os animaram deixaram esses lugares, revivem em formas mais sutis, mais apuradas. Do seio

16. *1 Coríntios* 15:55.

do invisível, onde lhes chegam as vossas orações e as comovem, elas vos seguem com a vista, vos respondem e vos sorriem.[17]

A morte não é o fim. É apenas o recomeço da vida em outro plano de existência. A vida não cessa. Tudo sempre está em constante movimento de aprendizado e progresso. Quem aceita essa realidade vive melhor e deixa viver bem quem foi colher flores em outro jardim.

17. Léon Denis. *O problema do ser, do destino e da dor*. FEB.

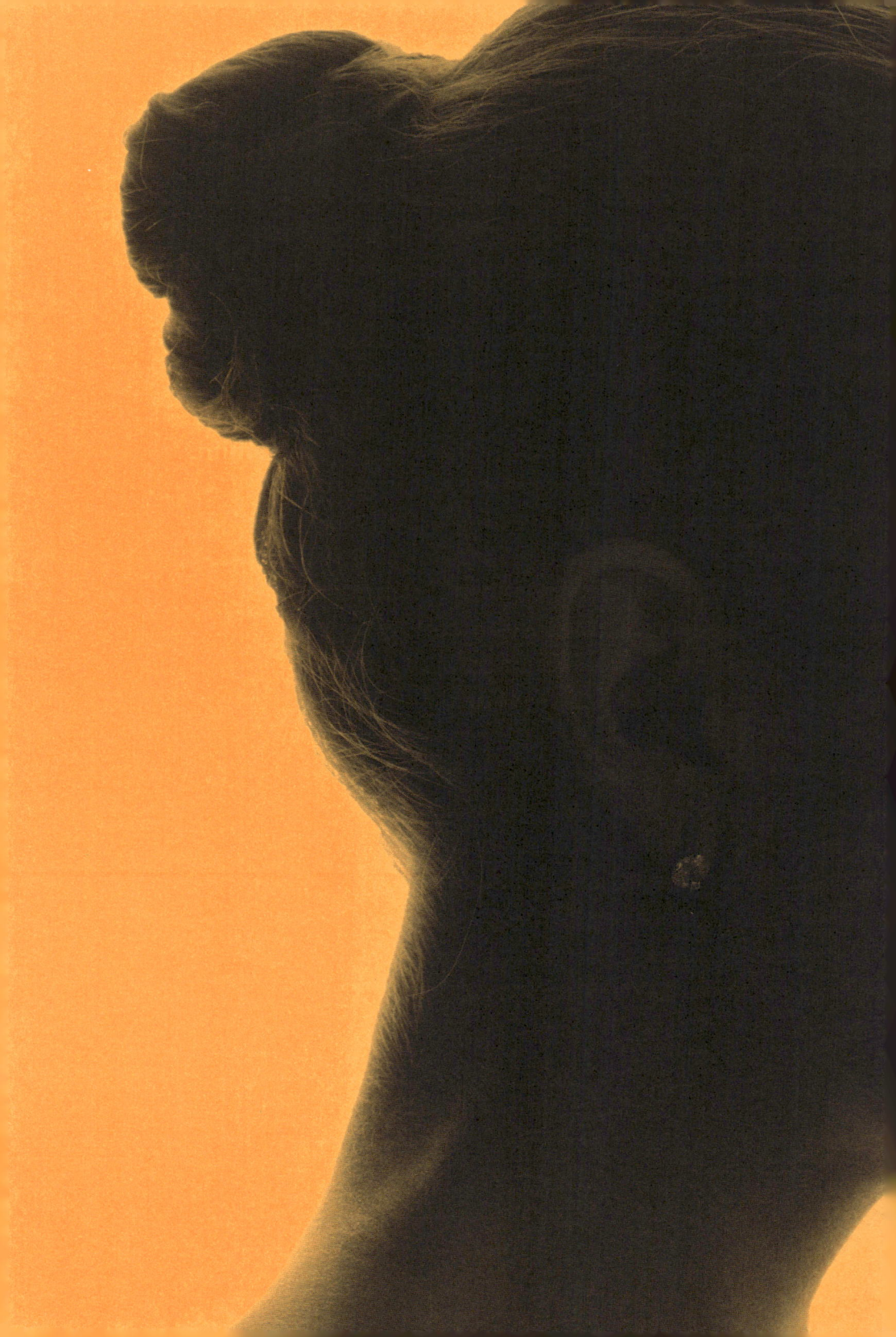

A morte não é o fim.
É apenas o reco-
meço da vida
em outro plano
de existência.
A vida não
cessa. Tudo
sempre está
em constan-
te movimento
de aprendizado e
progresso. Quem
aceita essa rea-
lidade vive
melhor e deixa
viver bem quem
foi colher flores
em outro jardim.

9

Conta Alta

Dentre os ângulos do perdão, um existe dos mais importantes, que nos cabe salientar: os resultados dele sobre nós mesmos, quando temos a felicidade de desculpar.

EMMANUEL

Francisco C. Xavier, Emmanuel [Espírito]. *Alma e coração.* Pensamento.

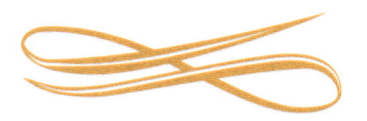

A GRANDE DIFICULDADE QUE TEMOS DE PERDOAR TALVEZ DE-corra da ideia de que o perdão implica nossa concordân-cia com o mal que nos fizeram. Daí por que o nosso coração machucado se recusa a perdoar a quem o feriu. Ele não aceita e, portanto, não concorda com a agressão, seja física ou moral.

Mas essa ideia nada tem a ver com o perdão. Per-doar não é avalizar a atitude de quem nos feriu, não é dizer "tudo bem, você estava certo ao me agredir, me violentar, me ferir, me ofender…" Temos o direito de nos sentir mal diante do mal que nos fizeram, embora essa sensação precise ser diluída com o passar do tempo, com as águas do perdão.

Nesse aspecto, o perdão é muito mais uma atitude que se tem para consigo mesmo do que propriamente para com aquele que nos feriu. Perdoar é um presente que se dá a si próprio. Perdoar impede que eu me tor-ne uma pessoa vingativa, evita que eu desça ao mesmo nível do agressor e me assemelhe a ele. Agressividade é derrota. Perdão é vitória!

Quando Jesus falou para mostrarmos a outra face ao sermos agredidos, ele quis dizer exatamente isso, ou seja, não revide, não seja como aquele que o machucou, mostre um outro lado mais generoso, mais humano. Na cruz, sofrendo as mais diversas agressões, Jesus nos ensinou que as pessoas não são más, são apenas ignorantes: "Pai, perdoai porque eles não sabem o que fazem."[18]

Quem agride é porque já sofre a dor dos espinhos encravados em sua alma, é um ferido, e todo ferido não deixa de ser um doente que precisa do remédio da compreensão, e não do veneno do revide. Para Jesus, o perdão se torna possível quando conseguimos ser coerentes com a nossa própria falibilidade e ignorância, reconhecendo, primeiramente, o tronco que está em nossos olhos, e não o cisco no olhar do outro.[19]

Não perdoar não deixa de ser uma atitude de hipocrisia, pois condena quem, no fundo, também é passível de condenação. Perdoar é um grande gesto de humildade e inteligência, pois, quando não condenamos, estamos, na verdade, pedindo perdão pelos nossos próprios erros.

Quem perdoa se liberta do fardo emocional negativo que o rancor põe em nossos ombros. Se, num

---

18. *Lucas* 23:34.
19. *Mateus* 7:1–5.

primeiro momento, a mágoa é um sentimento quase inescapável e até compreensível, do ponto de vista humano, o perdão tira esse peso, a fim de que não passemos a viver como uma pessoa eternamente magoada, e isso quer dizer: doente, infeliz e sem paz de espírito. Como esclarece Chico Xavier:

> *O Espírito que adquire a virtude do perdão não achará dificuldade em mais nada; haja o que houver, aconteça o que acontecer, ele saberá administrar a sua vida.*[20]

Um significativo exemplo do quanto a falta de perdão pode nos fazer mal foi dado por Emmanuel, ao narrar uma de suas encarnações na figura do senador romano Públio Lentulus, à época de Jesus. O senador havia sido incumbido pelo império de desempenhar funções de Estado na região da Palestina. Quando lá se encontrava com a família, dirigindo-se a Jerusalém, um jovem judeu lançou uma pedra que veio a ferir levemente o rosto de Lívia, esposa de Públio Lentulus. Os guardas rapidamente identificaram o agressor e o prenderam. O senador, para prestigiar sua posição e autoridade, ordenou que o jovem fosse punido ali mesmo, sem comiseração, com o chicote. E, ainda não satisfeito

20. Mucio Martins (org.). *Lições de Chico Xavier de "A" a "Z"*. LEEPP.

com a punição física, ordenou que o rapaz fosse levado às galeras, o que, em outras palavras, significava a morte ou a escravidão eterna, sanção totalmente desproporcional à gravidade da falta.

Dias depois, Públio recebeu a visita de André de Gioras, pai do jovem preso, pedindo que o senador revisse a terrível pena aplicada, que fosse clemente e misericordioso com o jovem inexperiente, o qual, além de tudo, era a força de trabalho da família pobre. O senador orgulhoso, no entanto, querendo fazer prevalecer a autoridade da sua posição, manteve a pena aplicada e, na frente do pai, tachou o rapaz de inútil e vagabundo...

É fácil imaginar o ódio que tomou conta de André de Gioras. Sem medo algum, afirmou ao senador que, com a dureza de seu coração, ele havia comprado um inimigo eterno e implacável. E a vingança não tardou. Tempos depois, André tramou o rapto do filho mais jovem do senador. Durante muitos anos, Públio Lentulus procurou o filho, em vão. Só o encontrou em circunstâncias trágicas...

O senador acabou sendo preso numa emboscada promovida por judeus revoltados com o domínio romano. André de Gioras era o chefe do grupo e, para completar a sua vingança, determinou que o senador fosse ferido nos olhos, com dois ferros em brasa ardente. E quem executaria a pena seria o filho raptado, que se tornara escravo de André e, naquele momento, já era um homem esquecido de que o senador era seu pai. Logo após a execução sumamente dolorosa, os soldados romanos invadiram o local e mataram pela espada André de Gioras e seu escravo, o filho do senador. Uma tragédia que o perdão poderia ter evitado!

Já quase ao fim de sua existência, quando o arrependimento bateu à sua porta, o senador confessou:

> *Se é verdade que nasci condenado ao suplício da cegueira, em tão trágicas circunstâncias, talvez tivesse evitado a consumação desta prova, se abandonasse o meu orgulho para ser um homem humilde e bom. Um gesto de generosidade de minha parte teria modificado as íntimas disposições de André de Gioras; mas a realidade é que, não obstante todos os preciosos alvitres do Alto, continuei com meu egoísmo, com a minha vaidade e com a minha criminosa impenitência.[21]*

Para aquele que não perdoa, a conta é muito alta!

21. Francisco C. Xavier, Emmanuel [Espírito]. *Há dois mil anos.* FEB.

Perdoar é um presente que se dá a si próprio. Perdoar impede que eu me torne uma pessoa vingativa, evita que eu desça ao mesmo nível do agressor e me assemelhe a ele. Agressividade é derrota. Perdão é vitória!

10

Falta de Quê?

Em geral, quase todos nós, em regressando à esfera carnal, perdemos oportunidades muito importantes no desperdício das forças fisiológicas. Perambulamos por lá, fazendo alguma coisa de útil para nós e para outrem, mas, por vezes, desprezamos cinquenta, sessenta, setenta por cento e, frequentemente, até mais de nossas possibilidades.

MANASSÉS

Francisco C. Xavier, André Luiz [Espírito]. *Missionários da luz.* FEB.

Em geral, quase todos nós, em regressando à
esfera carnal, perdemos oportunidades muito
importantes no desperdício das forças fisiológicas.
Perambulamos por lá, fazendo alguma coisa
de útil para nós e para outrem, mas, por vezes,
desprezamos cinquenta, sessenta, setenta por cento
e, frequentemente, até mais de nossas possibilidades.
MANASSÉS

O QUE ESTAMOS FAZENDO DA NOSSA VIDA? QUE TEMOS FEITO da oportunidade de ocupar um espaço neste mundo, que, apesar dos seus problemas, nos possibilita tantas experiências boas, tanto ensejo de progresso material e espiritual?

É bem verdade que a vida não é fácil, que a imensa maioria de nós enfrenta lutas diárias para a sobrevivência, que nossos sonhos demandam muito suor para se realizarem, que a vida não é apenas a arte de viver, mas também, e sobretudo, a difícil arte de conviver.

Natural, portanto, que enfrentemos obstáculos, desafios, frustrações, quedas, decepções, e seria bom nos convencermos de que tais situações acabam compondo a argamassa da nossa felicidade. A gente só conhece e valoriza a felicidade quando passa por um momento oposto. Ninguém saberá ser efetivamente feliz se tudo der certo em sua vida, se não conhecer a tristeza, se não andar na companhia da solidão, se não chorar a despedida de um afeto, se não tiver seus castelos desmoronados...

Uma lágrima pode nos ensinar muito em matéria de felicidade. Talvez por isso Jesus tenha dito: "bem-aventurados os que choram",[22] os que sabem extrair de suas lágrimas o sal da felicidade, os que fazem dos obstáculos um treino para se tornarem mais fortes, os que permitem que a tristeza os deixe mais humanos, os que aprendem o valor da simplicidade com as perdas da vida.

Contudo, muita gente, ao se defrontar com suas lágrimas, descamba para a revolta, para a apatia, quando não para o medo paralisante. E, assim, gastam quase todo o tempo e energia com as coisas que não deram certo, não sobrando tempo e disposição para as outras tantas coisas que poderiam construir.

Sobra orgulho, falta humildade. Falo em orgulho porque, em regra, não admitimos que a vida nem sempre atenderá às nossas vontades, porque ela tem uma inteligência própria e sempre sabe o que é melhor para nós, e, muitas vezes, o melhor é ouvirmos um sonoro "não". Refiro-me à necessária humildade para entendermos que, na vida, é preciso muita adaptação, muito recomeço, muito jogo de cintura, muita flexibilidade, muito malabarismo, mente aberta e espírito sempre pronto a aprender e reinventar-se a cada instante.

Não podemos permitir que nossas vidas sejam consumidas pelo espinho da insatisfação! Se não estamos

22. *Mateus* 5:4.

satisfeitos com a vida que temos, é nossa obrigação retirar os espinhos e encontrar um jeito melhor de fazer as coisas que até agora não deram certo, ou mesmo avaliar se já não é o momento de pensarmos em novas estradas...

O que não devemos é nos tornar colecionadores de queixas de que a vida deveria ter sido mais generosa conosco e, com isso, perdermos a nossa breve passagem pela Terra, tornando-nos aquela pessoa que gostaria de ter vivido uma vida bem diferente, mas que, em vez de tentar, preferiu gastar seus dias na imobilidade de uma cadeira de balanço.

Falta de sorte ou de atitude?

Não podemos permitir que nossas vidas sejam consumidas pelo espinho da insatisfação! Se não estamos satisfeitos com a vida que temos, é nossa obrigação retirar os espinhos e encontrar um jeito melhor de fazer as coisas que até agora não deram certo, ou mesmo avaliar se já não é o momento de pensarmos em novas estradas...

11

Trem-bala

*Diz-me sempre o nosso caro
Emmanuel que devo ter tanta
alegria de trabalhar hoje como
se estivesse vivendo o meu
primeiro dia de tarefa no mundo
e que devo ter tanto empenho
e noção de responsabilidade
nisso como se estivesse em
meu derradeiro dia na Terra.*
CHICO XAVIER

Marlene R.S. Nobre. *Lições de sabedoria.* FE.

Diz-me sempre o nosso caro Emmanuel que devo ter tanta alegria de trabalhar hoje como se estivesse vivendo o meu primeiro dia de tarefa no mundo e que devo ter tanto empenho e noção de responsabilidade nisso como se estivesse em meu derradeiro dia na Terra.
CHICO XAVIER

CHICO XAVIER RECEBEU PRECIOSO CONSELHO DA ESPIRITUAlidade a respeito de como encarar e aproveitar a sua passagem pela Terra. Um conselho que, por certo, se aplica a todos nós.

É importante não perder de vista que somos passageiros nesta embarcação chamada "Planeta Terra". Não ficaremos aqui para sempre. Viemos do mundo espiritual e para ele retornaremos, após cumprida a missão que nos trouxe a este plano material. Para cá viemos a fim de nos submetermos a experiências que promovam a educação do nosso ser imortal, despertando as capacidades com as quais Deus nos criou. Mas sempre chega a hora de saltar da embarcação...

As dificuldades que enfrentamos em nossa jornada terrena estimulam o desenvolvimento dos potenciais de nossa alma, como a inteligência, o pensamento, a vontade, o discernimento, a coragem, a perseverança, assim como os valores éticos e morais, com os quais aprendemos a viver numa sociedade justa, pacífica e fraterna.

Muitas vezes, porém, esquecidos da nossa condição de Espíritos em rápida passagem de aprendizado pela Terra, passamos a viver desatentos aos objetivos primordiais da nossa existência, e disso resulta que, ao enfrentarmos os desafios de vida, não os encaramos como degraus do nosso progresso e, não raro, partimos para a revolta, para a queixa, para a execução dos nossos encargos sem a aplicação devida, quando não para a fuga das nossas responsabilidades. E terminamos a experiência terrena como aquele aluno que não soube aproveitar as lições de que precisava para o seu adiantamento.

De regresso ao mundo espiritual, o aluno receberá o boletim de sua própria consciência, com a triste informação de que o rendimento na Terra foi insuficiente e que a experiência deverá ser repetida em futura encarnação. Terá então de refazer as malas, para voltar ao plano físico e reescrever as histórias mal-acabadas:

O ódio haverá de ser esquecido.

Os inimigos, convertidos em amigos.

O medo, superado pela coragem.

A mágoa, dissolvida pelo perdão.

A culpa, substituída pela reabilitação.

A fraqueza pela coragem.

A falta de empenho pelo esforço perseverante.

O preconceito pela fraternidade.

A frieza pelo calor humano.

O orgulho pela humildade.

O egoísmo pelo amor.

Só assim compreenderemos o que Jesus disse a Nicodemos: "Ninguém pode ver o reino de Deus se não nascer de novo."[23]

Para que semelhante situação não ocorra conosco, vale a pena refletirmos sobre os avisos preciosos que Chico Xavier nos transmitiu. O primeiro deles é trabalhar com alegria, como se fosse o primeiro dia de tarefa. No primeiro dia de trabalho, de namoro, de casado, de começo de ano letivo, geralmente, demonstramos entusiasmo e disposição incomuns, os quais vão se arrefecendo ao longo do tempo, e, muitas vezes, trabalhamos, namoramos, estudamos e nos relacionamos com a família sendo menos do que poderíamos ser. Ficamos devendo! Um dia, a nossa própria consciência acabará nos cobrando o que poderíamos ter sido e não fomos por comodismo, medo, indiferença, egoísmo.

O segundo conselho é realizarmos as nossas tarefas com muito empenho e responsabilidade, como se estivéssemos no último dia da existência, sem a possibilidade de corrigi-las ou refazê-las. Refletindo sobre o assunto ultimamente, não raras vezes eu fico com a impressão de que poderia ter feito mais e melhor diante das mais variadas situações de vida, sobretudo em meus relacionamentos. Quando as pessoas partem para a vida

---

23. *João* 3:3.

espiritual, via de regra, ficamos com a sensação de que não as amamos tanto quanto elas mereciam.

Como tão bem expressou a compositora Ana Vilela:

Segura teu filho no colo
Sorria e abrace teus pais
Enquanto estão aqui
Que a vida é trem-bala, parceiro
E a gente é só passageiro, prestes a partir[24]

Podemos, então, começar a mudar esse quadro hoje mesmo, pois, segundo Sêneca: "A morte não se mostra em toda parte tão próxima, mas em toda parte está presente."[25]

Enquanto estamos aqui...

---

24. Canção intitulada *Trem-bala*.
25. Sêneca. *Aprendendo a viver*. Martins Fontes.

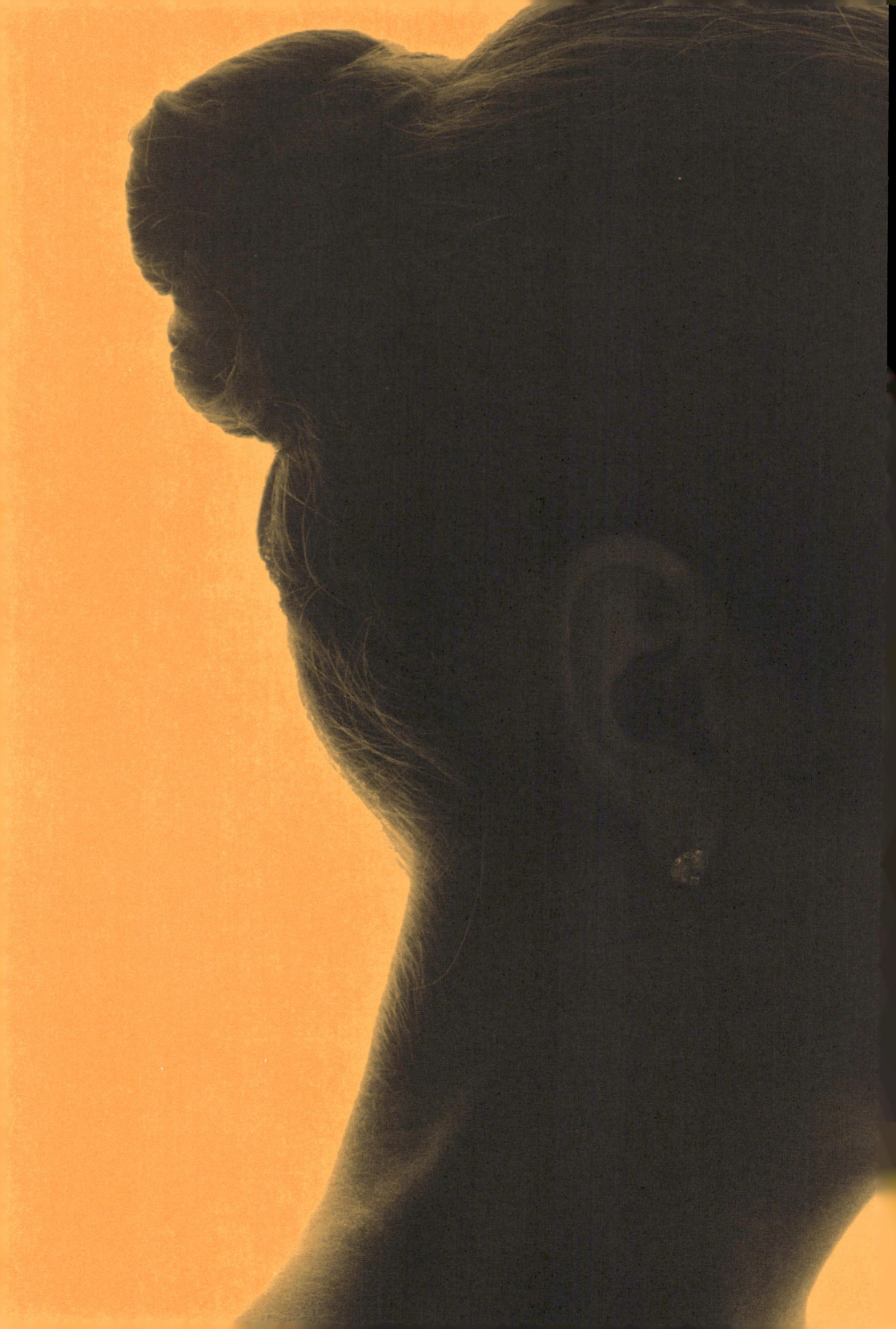

As dificuldades que enfrentamos em nossa jornada terrena estimulam o desenvolvimento dos potenciais de nossa alma, como a inteligência, o pensamento, a vontade, o discernimento, a coragem, a perseverança, assim como os valores éticos e morais, com os quais aprendemos a viver numa sociedade justa, pacífica e fraterna.

Banho
de Luz

12

*Confiemo-nos ao refúgio
da prece, na convicção de
que Jesus não nos há de
desamparar na solução dos
problemas redentores.*
EMMANUEL

Francisco C. Xavier, Neio Lúcio [Espírito], Braz José
Marques (org.). *Pérolas de sabedoria*. Vinha de Luz.

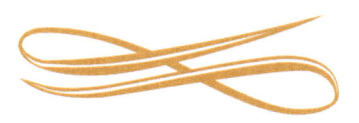

Confiemo-nos ao refúgio da prece, na convicção de que Jesus não nos há de desamparar na solução dos problemas redentores.
EMMANUEL

A PRECE É UM ABRIGO NO QUAL A NOSSA ALMA CANSADA SE retempera das batalhas da vida!

Assim como o alimento fornece a energia indispensável à sobrevivência do corpo, a oração é poderoso alimento para a alma, pois, através dela, nos ligamos a Deus, e o Pai nos dará o "pão nosso de cada dia", conforme nos ensinou Jesus. Quando abandonamos a prece, nos assemelhamos à criatura que, paradoxalmente, morre de fome diante da mesa farta à sua disposição.

Nenhuma oração fica sem resposta. Nossos pedidos são recebidos por Mensageiros de Luz que os analisam segundo os critérios da sabedoria divina. Nem sempre o que pedimos representa um efetivo bem para a nossa caminhada. O que, para nós, parece representar um benefício, na verdade, pode significar, no curso do tempo, um prejuízo para a nossa história espiritual. Daí por que sempre é bom lembrar daquele ensinamento de Jesus, quando formulou a oração do Pai-Nosso: "Senhor, seja feita a sua vontade".[26]

Mesmo que nosso pedido não se ajuste à vontade do Pai, o qual sempre sabe o que é melhor para nós, a prece permanece válida e benéfica, pois, segundo Chico Xavier:

> *No mínimo, a prece nos pacifica para que encontremos, por nós mesmos, a saída para a dificuldade que estejamos enfrentando… às vezes, naquele minuto de oração, deixamos de tomar uma decisão precipitada, de proferir uma palavra agressiva, de permitir que a cólera nos induza a qualquer atitude infeliz…*[27]

O Dr. Larry Dossey afirma que a oração nos ajuda a sermos determinados, não preocupados. Ele narra que, depois de uma batalha naval entre Atenas e Esparta durante a Guerra do Peloponeso, muitas embarcações estavam afundando, e centenas de marinheiros estavam morrendo no mar. Um homem rezava em voz alta à deusa Atenas para que ela o salvasse, mas ele estava afundando. Um colega do barco, perto de alguns destroços, ouviu o pedido e gritou: "Ore para Atenas, mas mexa

---

26. *Mateus* 6:10.
27. Mucio Martins (org.). *Lições de Chico Xavier de "A" a "Z"*. LEEPP.

os braços ao mesmo tempo!"[28] A oração jamais será um substituto da ação que nos cabe tomar diante dos desafios da vida, mas será sempre uma força considerável para agirmos com determinação e acerto!

Além desses benefícios, a prece, ao nos ligar às fontes da luz divina, faz com que se dissolva a energia negativa que, porventura, nos esteja envolvendo, em razão das preocupações excessivas, dos pensamentos malsãos e de toda perturbação espiritual. Podemos dizer que a oração, simples, sincera e espontânea, é um verdadeiro banho de luz em nosso corpo físico e espiritual, favorecendo a paz, o relaxamento, a saúde e o bem-estar interior. Não há dúvida de que a oração nos predispõe à vitória sobre as dificuldades. Por essa razão, Padre Pio, hoje venerado como santo pela Igreja Católica, recomendava: "Arme-se com a 'arma' da oração, e terá mais força no combate diário."[29]

Mesmo sabendo que a prece não tem palavras sacramentais ou fórmulas determinadas e que quanto mais espontânea melhor, deixo aqui simples sugestão de uma oração feita por São Francisco de Assis, sobretudo para aqueles momentos em que nossa mente está tão conturbada, que mal conseguimos articular as palavras:

28. Larry Dossey. *O poder da oração que cura*. Agir.
29. Disponível em: <https://www.pensador.com/autor/sao_padre_pio_de_pietrelcina>. Acesso em: 2 jun. 2018.

*Pai, relaxe os meus nervos, sossegue o meu espírito e li-
bere as minhas tensões, inundando o meu ser de silêncio
e serenidade.*[30]

---

30. São Francisco de Assis. *Minutos de contemplação.* Companhia Editora Nacional.

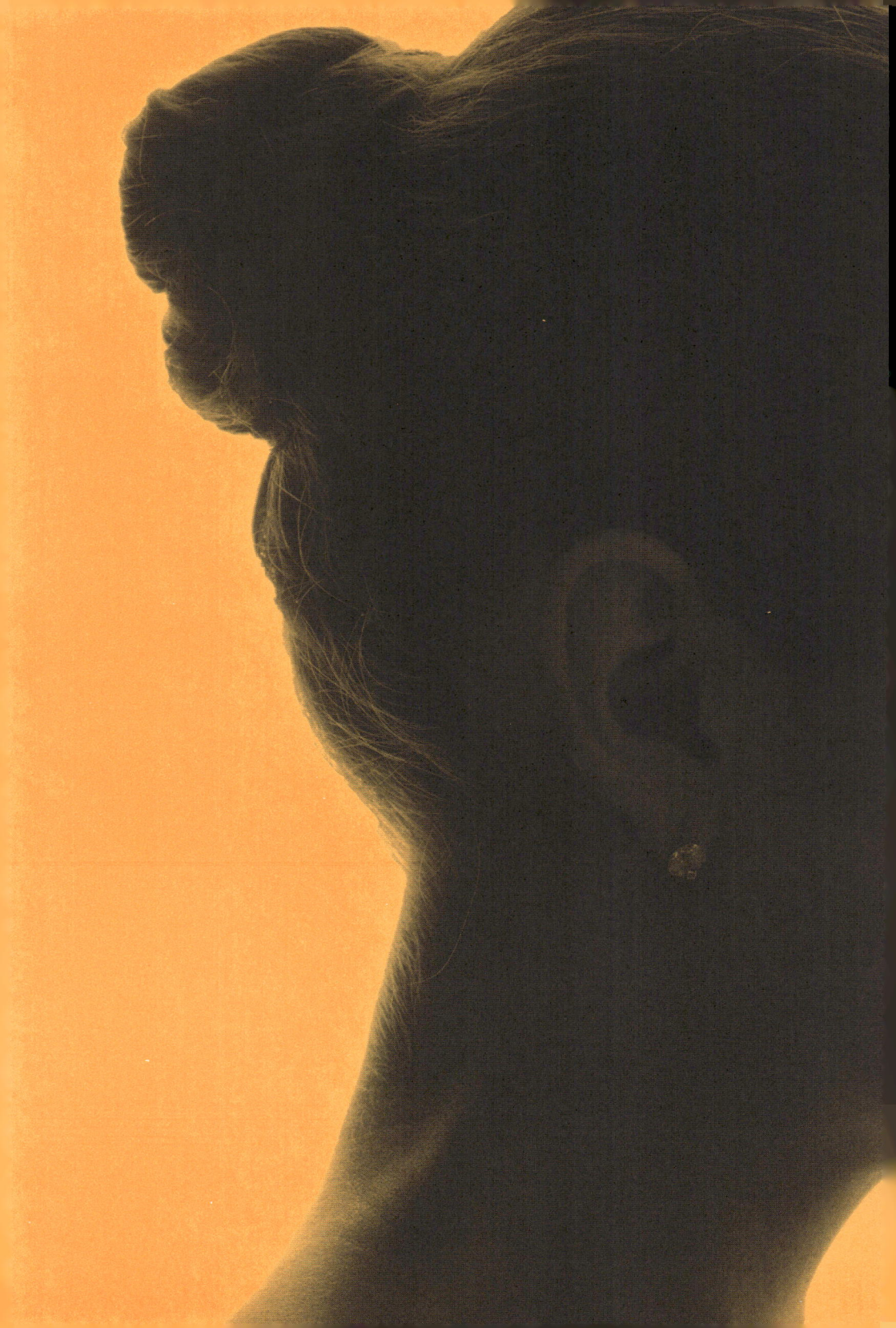

Assim como o alimento fornece a energia indispensável à sobrevivência do corpo, a oração é poderoso alimento para a alma. A oração jamais será um substituto da ação que nos cabe tomar diante dos desafios da vida, mas será sempre uma força considerável para agirmos com determinação e acerto!

13

Evitando Tempestades

*Precisamos reconhecer que
todos criamos o destino ou
renovamo-lo, todos os dias...*
INSTRUTOR DRUSO

Francisco C. Xavier, André Luiz [Espírito]. *Ação e reação*. FEB.

*Precisamos reconhecer que todos criamos o
destino ou renovamo-lo, todos os dias...*
INSTRUTOR DRUSO

A CRIAÇÃO DO DESTINO ESTÁ EM NOSSAS MÃOS! JESUS AFIR-
mou que cada um de nós receberia de acordo com as
suas atitudes.[31] Esse é um dos grandes ensinamentos
espirituais que a humanidade recebeu e que nos faz
reconsiderar algumas ideias equivocadas a respeito do
destino, como algo que estaria fora da responsabilidade
do próprio ser humano.

Pensar no destino como obra da sorte ou do azar
é achar que Deus fez do mundo uma grande loteria.
Admitir essa ideia é negar um dos principais atributos
de Deus, que é a sua justiça. E um dos conceitos mais
antigos e límpidos de justiça que se conhece consiste em
dar a cada um o que é seu. São esclarecedoras as palavras
de Léon Denis:

> *Os nossos atos e pensamentos traduzem-se em movi-*
> *mentos vibratórios, e seu foco de emissão, pela repetição*

---

31. *Mateus* 16:27.

frequente dos mesmos atos e pensamentos, transforma-se, pouco a pouco, em poderoso gerador do bem ou do mal.[32]

Por isso mesmo, julgar que o nosso destino é de responsabilidade alheia é fazer do homem uma eterna criança irresponsável, que nunca crescerá e que sempre estará vivendo na dependência de outra pessoa. A imaturidade surge quando nos recusamos a crescer, e não há maturidade sem consciência da autorresponsabilidade que cada um tem sobre sua própria vida! Enquanto "terceirizarmos" as nossas responsabilidades, viveremos como crianças incapazes de criar uma vida melhor para si mesmas, atribuindo ao destino a culpa por suas dores e sofrimentos.

Nós estamos onde nos colocamos! Hoje, somos o fruto de tudo aquilo que fizemos de nós mesmos! Somos a consequência daquilo em que acreditamos, somos o resultado das nossas escolhas, somos herdeiros do nosso abandono ou do nosso esforço. É uma verdade incômoda, e eu acredito até que você não veja a hora de encerrar este capítulo espinhoso. Peço, porém, que aguente mais um pouco. Estou ministrando aquele remédio amargo, que é ruim de tomar, mas que traz um grande benefício terapêutico.

---

32. Léon Denis. *O problema do ser, do destino e da dor.* FEB.

E qual seria esse benefício? A lição espiritual nos diz que o destino é criação nossa, e uma criação de todos os dias, de modo que todos os dias o destino pode ser alterado! Se o que estamos colhendo hoje não nos agrada, isso não quer dizer que será assim para sempre. Mario Sérgio Cortella nos diz que há uma diferença entre olhar a desgraça como etapa e olhá-la como conclusão![33] Mudar nosso destino não é só possível, como necessário, mas, para isso, é preciso olhar a vida como um contínuo processo de construção.

Alteramos a rota da nossa vida com a mudança dos nossos pensamentos, palavras, sentimentos e ações. É assim que criamos um novo destino, um novo amanhã, que nada mais é do que a consequência das sementes que estamos plantando hoje, assim como o "hoje" é fruto das sementes do "ontem". Os problemas de hoje representam as informações que chegam do nosso passado com a finalidade de nos alertar para as mudanças que precisamos fazer, a fim de criarmos um futuro melhor.

Nosso destino só muda quando mudamos. Por isso, revolta, apatia, queixa, desânimo, pessimismo não transformam nossas lágrimas em sorrisos, não transformam dores em amores, doença em saúde, miséria em prosperidade. Só a mudança positiva nos leva a uma vida

33. Mario Sergio Cortella. *A sorte segue a coragem*. Planeta.

melhor! Vale a pena meditar nessas sugestões práticas de Emmanuel para a construção de um futuro melhor:

Se erraste, é preciso procurar a porta da retificação.
Se ofendeste alguém, corrige-te na devida reconciliação.
Se te desviaste da senda reta, volta ao caminho direito.
Se te perturbaste, harmoniza-te de novo.
Se abrigaste a revolta, recupera a disciplina de ti mesmo.[34]

Muitos desejam conhecer o futuro, saber o que o amanhã nos reserva. A resposta talvez seja mais fácil do que se imagina. Basta saber como estamos vivendo hoje. E, se, sinceramente, o "hoje" não nos agrada, chegou a hora das grandes mudanças, antes que cheguem as grandes tempestades do amanhã.

---

34. Francisco C. Xavier, Emmanuel [Espírito]. *Vinha de luz.* FEB.

Muitos desejam conhecer o futuro, saber o que o amanhã nos reserva. A resposta talvez seja mais fácil do que se imagina. Basta saber como estamos vivendo hoje. E, se, sinceramente, o "hoje" não nos agrada, chegou a hora das grandes mudanças, antes que cheguem as grandes tempestades do amanhã.

Eu Estou Aqui

14

*Embora, muitas vezes, a
sentirmo-nos desolados e
aparentemente sozinhos,
não nos esqueçamos de
mentalizar o Divino Amigo.
Ele, o Mestre Silencioso e
Eloquente, caminhará conosco,
amparando-nos a experiência.
É como se voltássemos a
velhos tempos, registrando-lhe
as palavras: "Tende bom
ânimo! Eu estou aqui!"*
BATUÍRA

Francisco C. Xavier, Batuíra [Espírito]. *Mais luz.* GEEM.

Embora, muitas vezes, a sentirmo-nos desolados
e aparentemente sozinhos, não nos esqueçamos
de mentalizar o Divino Amigo. Ele, o Mestre
Silencioso e Eloquente, caminhará conosco,
amparando-nos a experiência. É como se
voltássemos a velhos tempos, registrando-lhe as
palavras: "Tende bom ânimo! Eu estou aqui!"
BATUÍRA

HÁ TRECHOS DA NOSSA CAMINHADA PELA VIDA EM QUE NOS sentimos sozinhos e desolados. Impossível evitar esses momentos, pois ninguém passa pela vida sem experimentar dores, decepções, enganos e perdas de toda ordem. Talvez você esteja passando exatamente agora por esses pedaços do caminho.

Jesus já nos alertara sobre isso, explicando que, no mundo, nós teríamos aflições.[35] Nem mesmo ele foi poupado de enfrentá-las. Muitas vezes, eu me pego orando a Jesus para que me livre dos problemas, esquecendo-me, porém, de que ele mesmo enfrentou os seus, que não foram poucos ou insignificantes. A cruz do Cristo é a maior prova disso!

Cada um tem a sua própria cruz, que hoje é representada pela soma dos desafios que recebemos da sabedoria divina para testemunharmos o nosso aperfeiçoamento. Esse foi o exemplo que Jesus nos deixou na cruz:

---

35. *João* 16:33.

a vitória do amor sobre o ódio, a vitória do perdão sobre a culpa, a vitória da fraternidade sobre o sectarismo, da coragem sobre o medo, do esforço sobre a inércia, enfim, a vitória da vida sobre a morte!

Temos uma cruz no lar que nos pede o exercício diário da compreensão e da tolerância, virtudes que ainda nos são pouco desenvolvidas. Temos uma cruz em forma de doença, a qual nos vigia os excessos de toda a ordem, cobrando de nós a assimilação da moderação. Carregamos a cruz das dificuldades financeiras, as quais nos ensinam a trabalhar com mais afinco, a gerenciar as nossas despesas no regime da simplicidade, a aprimorar as nossas capacidades, muitas vezes relegadas à inatividade. Trazemos a cruz da perda de um ente querido, por meio da qual aprendemos a amar as pessoas enquanto elas estão ao nosso lado, a fim de que o remorso não nos surpreenda quando elas partirem.

Todas essas dores são dores evolutivas, dores de crescimento. Elas incomodam, não há dúvida, mas são comparadas à dor do parto, em que a musculatura do útero se contrai, para que o bebê possa sair. O objetivo da prova que hoje nos constrange é dar à luz um novo ser, lapidando nossas arestas e imperfeições, para nos deixar mais formosos. É como se fosse uma cirurgia plástica em nosso espírito. A prova, seja ela qual for, é um tratamento de embelezamento espiritual!

Portanto, na hora da dor, vale a pena seguir o conselho espiritual de Batuíra: quando a cruz estiver pesada, mentalizemos o Amigo Jesus. Ele estará conosco, silencioso e eloquente. Não ouviremos diretamente suas palavras, mas ele falará conosco no idioma das circunstâncias. Jesus prometeu que, se o buscássemos, ele nos traria alívio.[36] Mas é preciso buscá-lo, senti-lo e aceitar sua mensagem como diretriz para nossa vida.

Afirmou Bezerra de Menezes: "Sem Jesus uma flor tem mil espinhos, com Jesus um espinho tem mil flores."[37] Quando somos ofendidos, por exemplo, se estamos sem Jesus, a ofensa poderá se transformar em ódio, que nos consome e nos adoece. Mas, com Jesus, a ofensa se converte em perdão, que nos pacifica e traz saúde. Todo fardo com Jesus fica leve. Sem Jesus, contudo, isto é, sem aceitarmos as lições que ele nos oferece, o fardo fica muito pesado.

Para estar com Jesus, não basta invocar a sua presença, chamar por seu nome, usar um crucifixo, adorá-lo em gestos ritualísticos. O Espírito Irmão X relembra um conto do poeta americano Longfellow, segundo o qual um monge passou muitos anos rogando uma visão do Cristo. Certa manhã, quando orava, viu Jesus ao seu lado e caiu

36. *Mateus* 11:28.

37. Disponível em: <https://www.pensador.com/frase/NjQzMTU5>. Acesso em: 14 mar. 2018.

de joelhos, em jubilosa adoração. No mesmo instante, o sino do convento derramou-se em significativas badaladas. Era a hora de socorrer os doentes e aflitos à porta da casa, e, naquele momento, o trabalho lhe pertencia. O clérigo relutou, mas, com imenso esforço, levantou-se e foi cumprir as obrigações que lhe competiam.

Serviu pacientemente ao povo, no grande portão do mosteiro, não obstante estivesse amargurado, por haver interrompido a indefinível contemplação. Voltando, porém, à cela, após o dever cumprido, oh, maravilha! Chorando e rindo de alegre, observou que o Senhor o aguardava no cubículo, e, ajoelhando-se de novo, no êxtase que o possuía, ouviu o Mestre, que lhe disse, bondoso: "Se houvesses permanecido aqui, eu teria fugido."[38]

O Mestre sempre estará conosco quando estivermos cuidando de um coração tão ou mais ferido que o nosso. Agora mesmo, sentindo-o próximo a nós, podemos ouvir suas palavras de luz: "Tende bom ânimo! Eu estou aqui!"

Mas não deixemos Jesus fugir.

E já sabemos como…

38. Francisco C. Xavier, Irmão X [Espírito]. *Pontos e contos.* FEB.

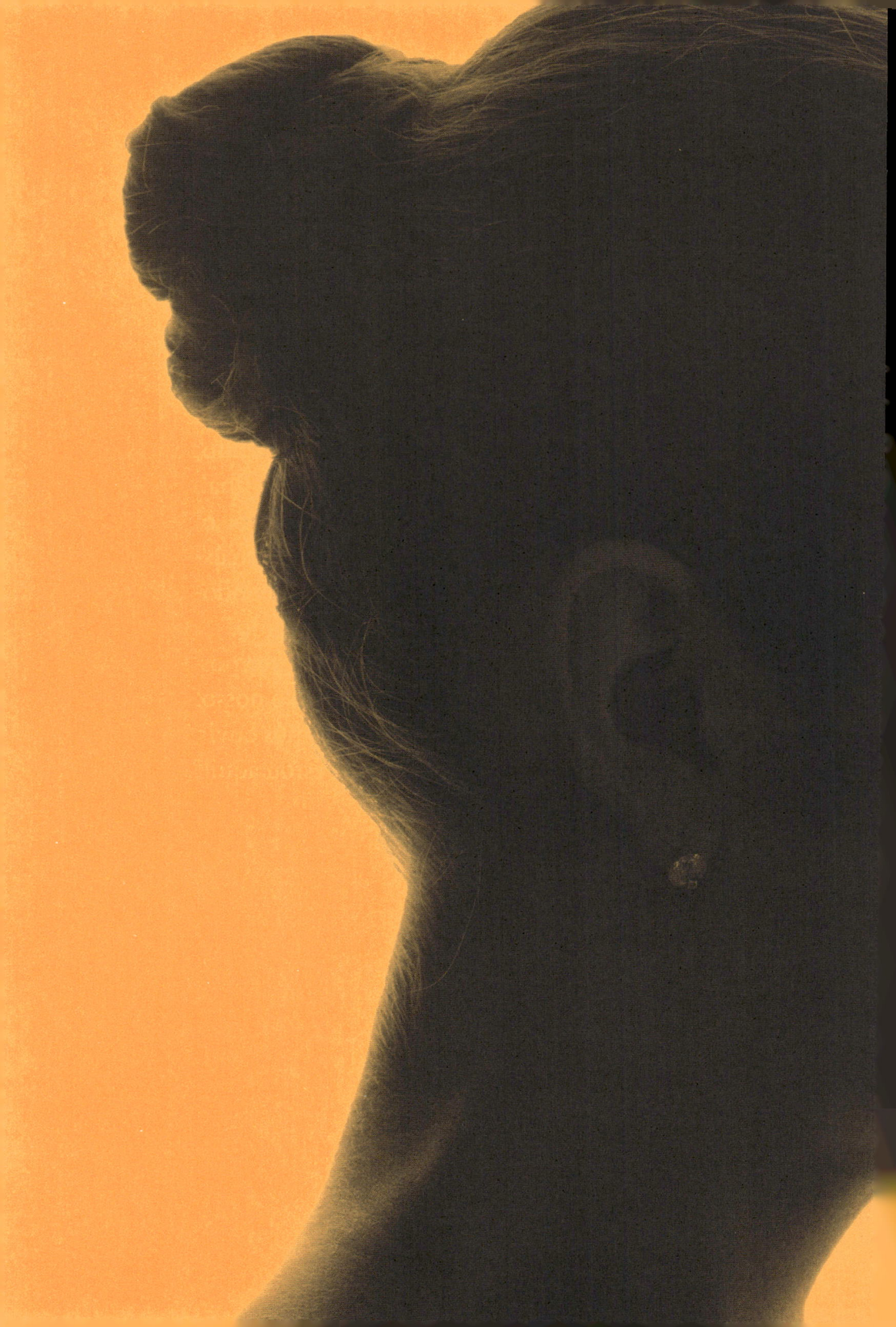

Para estar com Jesus, não basta invocar a sua presença, chamar por seu nome, usar um crucifixo, adorá-lo em gestos ritualísticos. O Mestre sempre estará conosco quando estivermos cuidando de um coração tão ou mais ferido que o nosso.

15

Nascer de Novo

Justo notar que falamos aqui do campo físico, no qual se encontram muito mais adversários do que os amigos, a fim de harmonizarem relações e podarem arestas.

AUGUSTO CEZAR

Francisco C. Xavier, Augusto Cezar Netto [Espírito]. *Presença de luz.* GEEM.

Justo notar que falamos aqui do campo físico, no qual se encontram muito mais adversários do que os amigos, a fim de harmonizarem relações e podarem arestas.
AUGUSTO CEZAR

E MBORA A VIDA SEJA UMA SÓ, ELA SE DESDOBRA EM MUITAS etapas, tantas quantas necessárias ao nosso desenvolvimento como ser imortal. E isso se faz por meio da reencarnação, processo através do qual Deus nos possibilita retomar a experiência para recapitular lições não assimiladas, e também para conquistar novos aprendizados. Léon Denis elucida:

> *A alma, depois de residir temporariamente no Espaço, renasce na condição humana, trazendo consigo a herança, boa ou má, do seu passado; renasce criancinha, reaparece na cena terrestre para representar um novo ato do drama da sua vida, pagar as dívidas que contraiu, conquistar novas capacidades que lhe hão de facilitar a ascensão, acelerar a marcha para a frente.*[39]

---

39. Léon Denis. *O problema do ser, do destino e da dor.* FEB.

É intuitivo pensar que nos seria impossível assimilar todos os saberes e virtudes do mundo numa única etapa, numa única existência. Se a pessoa leva, em média, 25 anos para sair do berço e atingir a fase adulta, quanto tempo não levará o Espírito imortal para que o homem das cavernas se transforme num anjo de luz?

A atual encarnação é uma das etapas da nossa caminhada pela eternidade. Já tivemos várias, e, por certo, outras tantas nos aguardam. Essas etapas estão interligadas umas às outras, de modo que nosso passado espiritual se reflete na nossa realidade de hoje, tanto quanto o nosso futuro, nas fases subsequentes, terá o colorido das tintas usadas na atual experiência. Nossa vida não começa no berço, nem termina no túmulo!

Naquele corpo da criança que acaba de nascer, habita um Espírito com experiências milenares. E o idoso, que caminha para o crepúsculo dos seus dias na Terra, voltará, no futuro, a ser criança outra vez, em outro corpo, na busca do autoaperfeiçoamento. Como afirmou Jesus a Nicodemos: "Ninguém poderá entrar no reino dos céus se não nascer de novo".[40] Nascer, crescer, morrer,

---

40. *João* 3:3.

renascer ainda e progredir sempre, tal é a lei[41] que rege os nossos caminhos pela eternidade.

Quando renascemos, a sabedoria divina promove o reencontro de almas que, no passado, não souberam respeitar os códigos de amor e fraternidade, tendo terminado a experiência com sentimentos de mágoas, ódios e aversões recíprocas. O objetivo desses reencontros, os quais se dão, em grande escala, no núcleo familiar, embora não apenas nele, é de que essas arestas sejam aparadas, para a harmonização daquelas almas em conflito.

Como esclareceu Emmanuel:

Nos elos da consanguinidade, reavemos o convívio de todos aqueles que se nos associaram ao destino, pelos vínculos do bem ou do mal, através das portas benditas da reencarnação.[42]

Por essa razão, Jesus falou da importância da reconciliação com os nossos adversários, pois sustentar desafetos representa um grave entrave ao nosso progresso, nos diversos níveis da nossa existência. Ninguém avança

41. Essa frase foi inscrita no túmulo de Allan Kardec, em Paris. Embora seja de autoria incerta, o pensamento retrata, com fidelidade e riqueza, um dos princípios básicos do espiritismo [nota do autor].

42. Francisco C. Xavier, Waldo Vieira, Emmanuel [Espírito]. *Leis de amor.* FEESP.

para a luz carregando dívidas na retaguarda. A nossa consciência não nos deixará em paz enquanto alguém chorar ou sofrer por algum mal que lhe tenhamos causado. É nesse sentido, por exemplo, que um pai descuidado, que deixou o filho em situação de abandono material e afetivo, e, por essa conduta, o filho veio a se desencaminhar na vida, pede para retomar a experiência malsucedida em nova existência, a fim de reaver o filho perdido novamente em seus braços para, então, recuperá-lo, através do amor que lhe fora sonegado.

A convivência entre eles não será fácil: o pai terá que se desdobrar em horas extras de amor, paciência e dedicação. Mas todo esse esforço valerá a pena. O genitor estará podando as suas arestas de egoísmo da experiência passada, e, com isso, transformando o inimigo de outrora em amigo para toda a eternidade. Todos nós, de alguma forma, vivemos experiências semelhantes à desse pai. Por isso, vale a pena buscarmos a nossa reconciliação, sendo mais generosos, gentis, pacientes, benfazejos com aqueles que exigem de nós o que, em nós, ainda está por nascer.

Josh Billings, escritor norte-americano, escreveu que a solidão é um lugar bom de visitar uma vez ou outra, mas ruim de adotar como morada.[43] Conviver é

---

43. Disponível em: <https://www.pensador.com/frase/MTQ3 Mw>. Acesso em: 2 jun. 2018.

terapêutico, faz bem à alma e à saúde, prolonga e dá sentido à vida. Aprender a conviver bem implica aprender a conversar, aprender a ouvir, aprender a aceitar, aprender a amar. Não seria esse um dos sentidos do "nascer de novo", falado por Jesus?

Aprender é nascer outra vez!

Ninguém avan-
ça para a luz
carregando
dívidas na re-
taguarda. A
nossa cons-
ciência não nos
deixará em paz
enquanto alguém
chorar ou sofrer
por algum mal
que lhe tenha-
mos causado.

16

Planeta dos Humanos

*Quem lança muito a culpa
nos outros é porque não
aceita as culpas que tem.*
CHICO XAVIER

Adelino da Silveira. *Momentos com Chico Xavier.* LEEPP.

C HICO XAVIER ESTÁ SE REFERINDO A UM MECANISMO QUE, em psicologia, denomina-se "projeção". É uma forma de defesa psicológica que utilizamos, muitas vezes sem percebermos, para aquelas situações em que reprimimos sentimentos e emoções que não aceitamos em nós, passando a projetá-las nos outros.

Não deixa de ser um mecanismo de defesa para aliviar o nosso desconforto, embora uma forma de alívio um tanto infantil e de nenhuma eficácia concreta, porque apenas disfarça o mal-estar, sem o curar.

Quando nos lançamos à crítica excessiva aos outros, julgando-os, denegrindo-os, jogando-lhes pedras, estamos apenas projetando, por outros fatos, as culpas que carregamos e não aceitamos. Jesus tocou o dedo nessa ferida, quando nos chamou a atenção para o fato de enxergarmos o cisco no olho de nosso irmão e não repararmos na trave de madeira que está em nossos próprios olhos![44]

Não creio que alguém possa ser feliz projetando suas culpas nos outros! Essa projeção indica claramente que a pessoa não está vivendo em paz consigo mesma; ela vive um conflito camuflado, uma guerra interior, que se projeta nas pessoas à sua volta, que passam a ser o alvo das suas pedradas. Vivendo assim, nesse jogo de culpas que faz tanto mal, como cantou Gonzaguinha na música *Grito de alerta*, impossível ter paz de espírito, ser feliz e construir relacionamentos positivos.

Para sairmos desse mecanismo perturbador e encontrarmos a luz da vitória, precisamos dar alguns passos importantes. O primeiro deles foi aconselhado por Jesus: "repara primeiro na trave que está no teu olho". Quando nos percebermos atirando muitas pedras, comportando-nos como o juiz do mundo, desconfiemos de que, provavelmente, estamos usando um disfarce: o de crítico do outro para desviar o olhar sobre os nossos próprios erros. "Repare em você mesmo" – pediu Jesus![45]

Na mesma canção já citada, Gonzaguinha volta a nos ensinar esse caminho de "olhar para si mesmo": "Não quero a razão, pois eu sei o quanto estou errado e o quanto já fiz destruir…". Olhemos para nós com

---

44. *Mateus* 7:3.
45. *Mateus* 7:3.

as lentes da humildade, sem as quais não enxergaremos nossas culpas, enganos, tropeços, bobagens e todo traço de imperfeição que caracteriza a nossa condição humana. Se olharmos com as lentes do orgulho, nada disso veremos, sempre acharemos que estamos certos, e esse olhar não vai nos ajudar a ser feliz. Muitas vezes, querer estar sempre certo e ser feliz são estradas que não se cruzam…

O segundo passo para a conquista da nossa paz é aceitarmos as nossas culpas, conforme se deduz das palavras de Chico Xavier. Aceitar não significa validar o erro cometido. Significa, apenas, que aceitamos a nossa condição humana, isto é, ainda imperfeita. A palavra "perfeito" vem do latim *perfectum*, trazendo a ideia de pronto, inteiro, acabado. Em nossa viagem evolutiva, ainda não estamos prontos, inteiros e acabados; estamos nos construindo. Portanto, o erro é inseparável da experiência humana.

Aceitar nossos erros é aceitar a nossa humanidade. Não os aceitar é ser desumano conosco e, por consequência, com o próximo. Nem sempre se acerta, nem sempre conseguimos fazer o nosso melhor, isso é humano! A humildade nos ajuda a reconhecer que ainda somos frágeis, não conseguimos ser o super-herói 24 horas por dia. Como afirma William James: "Estranhamente, ficamos com o coração extremamente leve uma vez que tenhamos aceitado de boa-fé nossa incompetência em determinada área", ou então: "Como é doce o dia em que desistimos de ser jovens – ou magros!"[46]

A autoaceitação promove uma integração do nosso ser; sentimo-nos inteiros, não condenados, mas perdoados, porque já não temos máscaras para nos escondermos. A partir do momento em que, verdadeiramente, nos aceitarmos, não teremos mais que condenar o próximo para camuflar nossos erros, porque o traço da imperfeição humana também está em nós. E, sem aceitação, nenhuma mudança se estabelece, pois caímos fatalmente na justificação dos nossos erros ou na negação deles. E isso é o caminho direto para o fracasso existencial! O desastre não é errar, mas, sim, não admitir os erros e não os corrigir!

Porém, a partir do momento em que nos aceitarmos como somos, procurando não voltar a tropeçar nas mesmas pedras, a única coisa que talvez projetaremos para o próximo será a luz da paz que se acenderá em nosso coração. A aceitação de nós mesmos abre as portas para o amor ao nosso próximo.

Bem-vindo ao planeta dos humanos!

46. Apud Christophe André. *Imperfeitos, livres e felizes*. Best Seller.

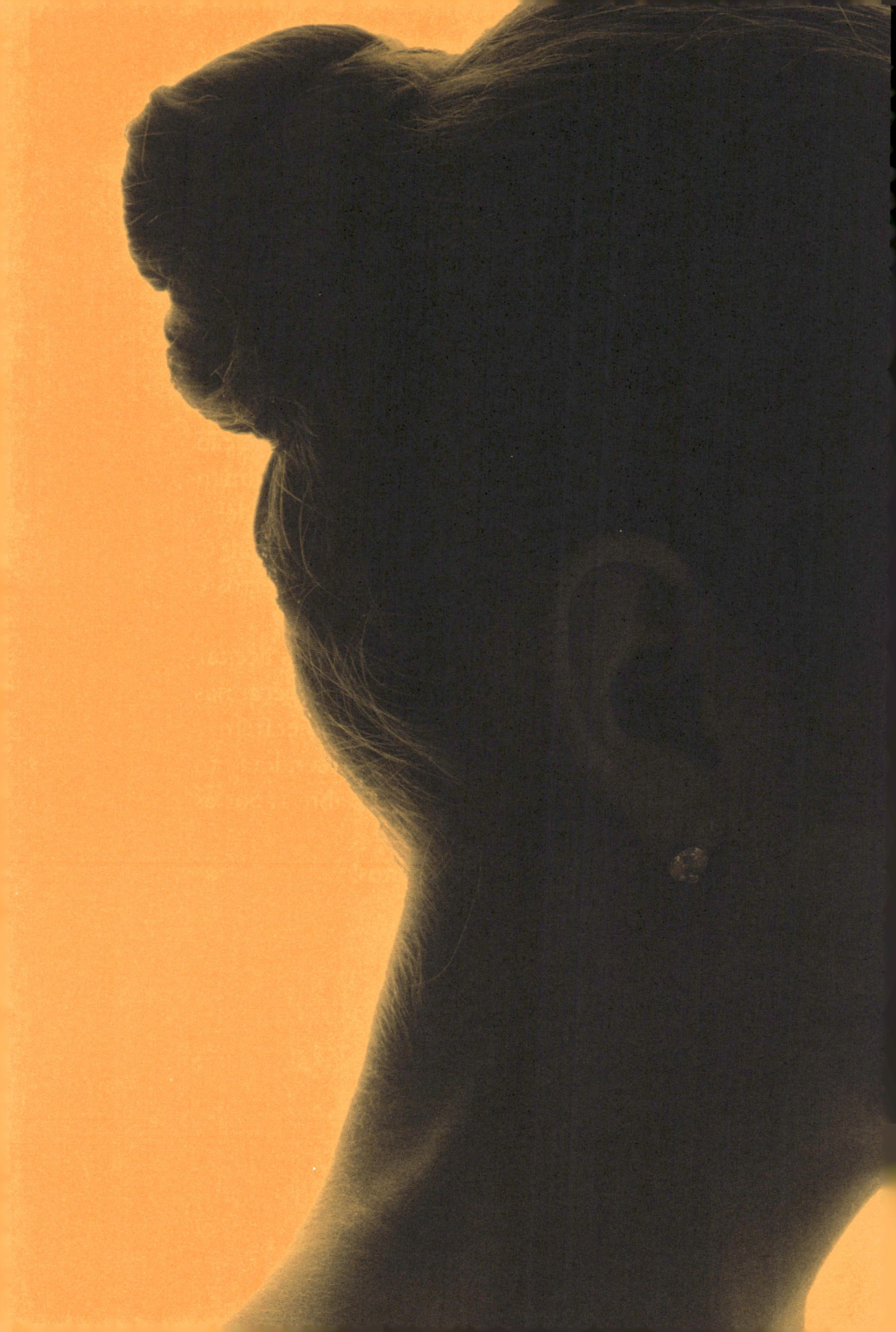

O desastre não é errar, mas, sim, não admitir os erros e não os corrigir! Porém, a partir do momento em que nos aceitarmos como somos, procurando não voltar a tropeçar nas mesmas pedras, a única coisa que talvez projetaremos para o próximo será a luz da paz que se acenderá em nosso coração.

17

Além da Casca

*Um gesto de simpatia ou
gentileza pode ser a chave para
a solução de muitos problemas.*
ANDRÉ LUIZ

Francisco C. Xavier, Espíritos diversos. *Encontros de paz.* IDE.

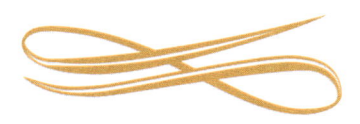

Um gesto de simpatia ou gentileza pode ser a
chave para a solução de muitos problemas.
ANDRÉ LUIZ

FIRMA O FILÓSOFO ITALIANO PIERO FERRUCCI QUE, EM MA-
téria de convivência, estamos em pleno processo de es-
friamento global – comunicamo-nos de forma cada vez
mais impessoal e apressada, e a temperatura das relações
interpessoais é cada vez mais baixa. Valores como lucra-
tividade e eficiência são priorizados em detrimento do
calor humano. É a idade do gelo.[47]

A impressão que se tem é a de que estamos nos
tornando cada vez mais frios, indiferentes, competitivos,
ríspidos, intolerantes e cegos para o outro. Nossos relacionamentos estão empobrecendo, e pagamos um alto
preço por isso. Pesquisas diversas apontam que cultivar
relacionamentos saudáveis e duradouros é um fator importante para a saúde física e mental e um bom aliado
da longevidade.

Desenvolver uma competência emocional para
aprender a conviver bem com as pessoas é uma das

---

47. Apud Leila Ferreira. *A arte de ser leve*. Principium.

tarefas mais importantes da nossa vida, pois a felicidade está mais associada aos nossos relacionamentos do que propriamente aos bens materiais. Chegará um momento em nossa vida em que nenhum sucesso profissional ou financeiro compensará nosso fracasso nos relacionamentos. Então, a grande pergunta é: como desenvolver essa competência?

A primeira lição de uma possível "cartilha" do bem conviver passa pela necessidade de diminuirmos a circunferência do nosso individualismo, sem que isso signifique a perda da nossa individualidade. Continuaremos a ser nós mesmos, mas a redução do nosso egoísmo é vital para que o próximo também faça parte do enredo de nossa vida, em cujo palco a felicidade é encenada a todo instante. E ninguém será maduramente feliz fazendo "carreira solo".

Como esclarece o filósofo Alexandre Jollien:

[...] *todos nós estamos a bordo do mesmo barco, daí o extremo perigo de agir uns contra os outros. Por que raios considerar o outro como um adversário, um concorrente, e esquecer que todos os homens, todas as mulheres são membros de uma mesma equipe aspirando a felicidade?*[48]

48. Christophe André, Alexandre Jollien, Matthieu Ricard. *O caminho da sabedoria*. Alaúde.

Essa ideia está no cerne da mensagem de Jesus de Nazaré: "Amai-vos uns aos outros".[49]

Quando passamos a nos ver como integrantes da mesma equipe (que significa ter espírito fraterno), percebemos que muitas pessoas deixam de ser invisíveis para nós, e somente a partir dessa experiência é que uma boa convivência pode se estabelecer, mesmo que ela seja momentânea, como a de duas pessoas desconhecidas que se esbarram na via pública.

O Abade Notker Wolf, representante maior da Ordem dos Beneditinos do mundo, afirmou que o amor ao próximo é, às vezes, um simples interesse pelas pessoas que facilmente deixamos de perceber.[50] Precisamos estar atentos a essas pessoas que nos são invisíveis; muitas delas podem estar bem diante do nosso nariz. Expressar nosso interesse pelo outro degela qualquer relacionamento.

A partir desse olhar puramente humano, descobriremos que todos nós estamos envoltos em luz e sombra. Como diz a canção popular, cada um tem seu mistério, seu sofrer, sua ilusão.[51] E, como não conseguimos isolar só a parte boa de cada um, inevitavelmente, vamos também ter que lidar com a sua sombra, da mesma forma

49. *João* 13:34.
50. Abade Notker Wolf. *A graça que vem de Deus*. Pensamento.
51. Canção intitulada *Casinha branca*, de Gilson.

que os outros farão conosco. A tensão surge quando as sombras se encontram, e, nesse momento, tudo devemos fazer para evitar que as trevas permaneçam conosco!

Para tanto, atitudes como simpatia, delicadeza, doçura, gentileza, afabilidade, brandura e perdão são interruptores de luz que iluminam nossos relacionamentos. Tais atitudes são como um drible, com o qual neutralizamos ou, pelo menos, minimizamos os inevitáveis atritos que a convivência humana produz. Parece-me que essas virtudes, hoje em dia, não estão mais em moda, e, em nome da defesa de nossos interesses, estamos nos tornando agressivos, azedos, irritadiços, grosseiros, mal-educados muitas vezes. Tal maneira de proceder não ilumina nossa vida; apenas faz explodir bombas de ódio que machucam todos nós. Por isso, São Francisco de Assis afirmou que a delicadeza é irmã da caridade, pois ela apaga o ódio e incentiva o amor.[52]

Talvez não haja tempo e oportunidade para conhecermos aquele motorista irritado que nos dá uma fechada no trânsito, mas talvez nos seja suficiente imaginar, com boa dose de acerto, que ele está com algum espinho em sua vida, para ter agido como agiu. Ajuda muito a pensar assim quando refletimos sobre essa frase de Christian Bobin: "Qualquer que seja a pessoa que você

---

52. São Francisco de Assis. *Minutos de contemplação*. Companhia Editora Nacional.

olhar, saiba que ela já atravessou várias vezes o inferno".[53] Uma reação destemperada de nossa parte somente a jogaria num inferno mais profundo. E nós também iríamos com ela! Mas a força da bondade tem o poder de tirar uma pessoa do inferno. E, quando ela sai, nós saímos com ela.

Um amigo me contou essa história. Ele reside num condomínio, e um dos porteiros lhe tratava rispidamente, chegando, muitas vezes, a ser bem grosseiro. Meu amigo foi reclamar com o síndico, quando, então, ficou sabendo que o funcionário tinha um filho com grave problema de saúde, vítima de doença incurável. Poucos imaginavam que aquele homem agressivo tinha a alma dilacerada pela situação do filho, que definhava a cada dia.

Meu amigo, cujo objetivo era propor a demissão do funcionário, mudou de conduta e passou a se interessar pelo funcionário, por sua dor, por seu inferno. Todos os dias, ao passar pela portaria, passou a lhe dirigir uma saudação afetuosa, perguntar pelo filho e transmitir-lhe palavras de conforto e bom ânimo. Desde então, o porteiro perdeu a casca da rispidez; e meu amigo, a casca da indiferença. Não há mais inferno entre eles...

53. Apud Christophe André, Alexandre Jollien, Matthieu Ricard. *O caminho da sabedoria*. Alaúde.

Desenvolver uma competência emocional para aprender a conviver bem com as pessoas é uma das tarefas mais importantes da nossa vida, pois a felicidade está mais associada aos nossos relacionamentos do que propriamente aos bens materiais.

18

Morrer Antes de Viver

Cuida, pois, de fazer, sem delonga, quanto deve ser feito a benefício de tua própria felicidade, porque o Amanhã será muito agradável e benéfico somente para aquele que trabalha no bem, que cresce no ideal superior e que se aperfeiçoa, valorosamente, nas abençoadas horas de hoje.

EMMANUEL

Francisco C. Xavier, Emmanuel [Espírito]. *Vinha de luz*. FEB.

*Cuida, pois, de fazer, sem delonga, quanto deve
ser feito a benefício de tua própria felicidade,
porque o Amanhã será muito agradável e benéfico
somente para aquele que trabalha no bem, que
cresce no ideal superior e que se aperfeiçoa,
valorosamente, nas abençoadas horas de hoje.*
EMMANUEL

VIVEMOS TÃO PRESOS PELAS OCORRÊNCIAS DO ONTEM E PE-las expectativas do amanhã, que, comumente, esquece-mos de viver o hoje!

Tenho a impressão de que sempre estamos esperan-do que algo extraordinário aconteça, para que a nossa vida, enfim, comece. Vivemos num compasso de espera, tendo nos ombros as frustrações do passado e as ânsias do futuro. Enquanto isso, as horas do agora passam, sem nenhum aproveitamento real de nossa parte. Não per-cebemos que o grande milagre de nossa vida acontece todos os dias, quando acordamos: é o estoque das horas ao nosso dispor, para aplicá-lo na construção da nossa felicidade.

Porém, geralmente, cometemos o erro de guardar essas horas para depois, para o dia seguinte, como se o tempo fosse cumulativo, ou seja, como se as horas que não usamos hoje pudessem ser usadas amanhã. Um dia não vivido é um dia perdido; ele sai da conta-corrente da nossa vida e não volta mais. Ninguém fica com crédito por não aproveitar os seus dias; aliás, fica com um débito, chamado "frustração existencial". Chico Xavier costumava dizer que a consciência do tempo perdido é o que mais atormenta o Espírito quando chega ao outro lado da vida.[54]

Para que não fiquemos com esse saldo devedor, é bom olharmos para aquilo que normalmente devora os nossos dias: a preguiça, a procrastinação, o medo, a queixa, a revolta e o vitimismo. Precisamos fugir de uma tendência instintiva de somente querer agir quando a vontade nos impulsionar. Afinal, nem sempre a vontade virá! E pode ser que ela nunca apareça. Até hoje, a vontade de me exercitar fisicamente nunca deu as caras! Quantas vezes eu deixei de ir à academia porque a vontade não passou em minha casa para me levar! E quem perdeu com isso fui eu...

Então, se estamos certos de que algo nos faz bem, é preciso agir mesmo sem vontade; é preciso não adiar a felicidade para depois; é preciso domar a preguiça; é preciso enfrentar os desafios, apesar do medo; é necessário parar de se queixar da vida, não esperar que ela seja perfeita! Ajuda muito pensarmos que nós somos os únicos responsáveis pela nossa felicidade. Se não cuidamos dela, como o jardineiro que zela pelo seu jardim, ninguém tem a obrigação de fazer isso por nós, nem mesmo Deus.

---

54. Carlos A. Baccelli. *O evangelho de Chico Xavier.* Didier.

Ele já nos deu as sementes; o trabalho de semear e cultivar é nosso. A autorresponsabilidade é um dos sinais mais marcantes da nossa maturidade. Enquanto não a atingirmos, ficaremos nos comportando como crianças à espera de que papai ou mamãe descasquem a laranja para nós...

Outro aspecto relevante: aproveitar o tempo que se chama "hoje" não significa apenas lançar as boas sementes para que, amanhã, tenhamos uma colheita feliz. Significa, também, apreciar as coisas boas que já estão conosco, para as quais, muitas vezes, estamos cegos; não permitir que as inevitáveis imperfeições da existência tirem o brilho de tantas coisas boas que acontecem a toda hora ao nosso redor. Com sabedoria, Leila Ferreira escreve:

> *Aprendi cedo que felicidade não é coisa para pessoas desatentas. Chega quando a gente menos espera, dura menos do que a gente gostaria e vai embora sem dar satisfações.*[55]

Não são ocorrências grandiosas, coisas do outro mundo, mas não deixam de ser pequenos espetáculos que surgem diariamente no palco de nossa vida. O fato de despertarmos todas as manhãs, de termos a liberdade

---

55. Leila Ferreira. *Viver não dói.* Principium.

para dirigir a nossa vida para onde desejarmos, de sentirmos que estamos participando do espetáculo da vida através dos nossos talentos, e não apenas como seus espectadores, de desfrutarmos a companhia de pessoas agradáveis, de termos um dedo de prosa com um coração amigo, de ainda nos emocionarmos com uma canção, de nos encantarmos com uma flor, de nos extasiarmos com um céu estrelado – tudo isso representa um oásis de felicidade, para o qual, na maioria das vezes, estamos desatentos. É preciso ter olhos de ver, disse sabiamente Jesus.

Quem perde tempo com coisas sem importância, quem amaldiçoa suas horas e não as aproveita para ser feliz, quem não vê pedras preciosas em meio aos cascalhos está morrendo antes da hora... Como teria dito a poetisa Cora Coralina: "Sei que alguém vai ter que me enterrar, mas eu não vou fazer isso comigo."[56]

E nós, será que estamos fazendo isso conosco?

56. Disponível em: <http://www.momento.com.br/pt/ler_texto. php?id=3616&>. Acesso em: 26 mar. 2018.

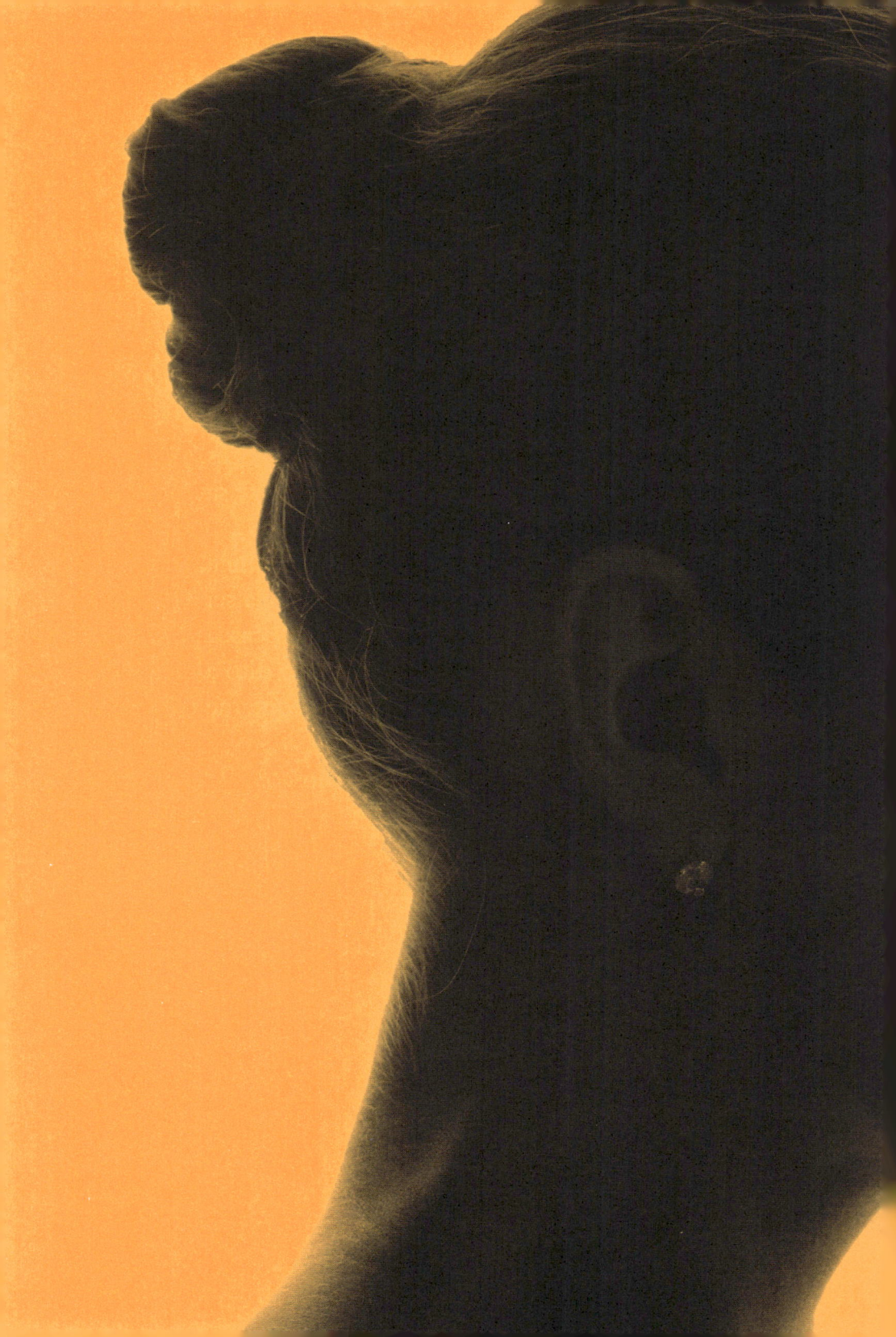

Aproveitar o tempo que se chama "hoje" não significa apenas lançar as boas sementes para que, amanhã, tenhamos uma colheita feliz. Significa, também, apreciar as coisas boas que já estão conosco, para as quais, muitas vezes, estamos cegos.

19

Profeta do Caos

Na solução de qualquer problema, o pior problema é a carga de aflição que criamos, desenvolvemos e sustentamos contra nós.
ALBINO TEIXEIRA

Francisco C. Xavier, Espíritos diversos. *Passos da vida*. IDE.

Na solução de qualquer problema, o pior
problema é a carga de aflição que criamos,
desenvolvemos e sustentamos contra nós.
ALBINO TEIXEIRA

PROBLEMAS INCOMODAM; MUITAS VEZES, MACHUCAM. MAS A maneira de lidar com eles pode agravar a dor ou suavizá-la, até o ponto de fazê-la desaparecer. Na vida, não importa tanto o que nos acontece, mas, sim, como reagimos ao que nos acontece. A maneira de reagirmos pode nos levar à derrota ou à vitória sobre as dificuldades.

A forma de reagir é que, no mais das vezes, vai determinar o tipo de conduta que teremos diante dos obstáculos; se vamos nos tornar vencedores ou vencidos. Basicamente, temos duas maneiras de reagir às adversidades, ambas ligadas à forma como interpretamos os fatos que nos ocorrem.

A primeira delas, talvez a mais comum, é a que tende para um olhar pessimista, mais dramático, que potencializa a dificuldade e minimiza, quando não neutraliza, a nossa capacidade de enfrentamento e superação do obstáculo. Esse olhar também nos põe como vítimas indefesas e impotentes diante do problema, para o qual acreditamos não haver saída alguma. Quando assim agimos, colocamos uma carga extra de aflição aos infortúnios, tornando o nosso fardo muitas vezes mais pesado do que somos capazes de suportar.

A outra forma de reagir, de melhores resultados, acentua um olhar mais positivo e mais otimista sobre os desafios da vida. Ela não ignora o problema, mas não lhe dá uma dimensão maior do que possui, não anula a nossa capacidade de enfrentamento da prova, e acredita firmemente que, para todo o problema, sempre há uma saída. Pode nos parecer algo simplista demais, mas escolher um modo de reagir ao problema, sem os cenários catastróficos que a nossa mente costuma engendrar, não deixa de ser uma estratégia mental, que nos blinda dos efeitos nocivos que as aflições excedentes nos causam. Eu diria que é um mecanismo de autoproteção, a fim de que a preocupação com o problema não transborde e alague a nossa vida com mais problemas ainda!

Como o homem se transforma naquilo que ele pensa, é fácil deduzir que as chances de superação dos reveses dependem da forma como os interpretamos. A interpretação pessimista nos enfraquece psicologicamente, abate a nossa autoestima, mina as nossas forças, destrói a nossa motivação, provoca danos à nossa saúde e piora os nossos relacionamentos. Fácil prognosticar um futuro desolador, que não seria necessariamente o nosso destino, mas uma decorrência da escolha fatalista que fizemos.

Como diz Blair Justice, professor de psicologia da Faculdade de Saúde Pública da Universidade do Texas:

> *O controle cognitivo origina-se da crença de que podemos amenizar o impacto negativo [...] de uma situação pelo modo como encaramos o problema. Significa que, preferindo ver as perdas, agressões, frustrações e reviravoltas estressantes na vida com menos dramaticidade, nunca como o fim do mundo, anulamos o seu poder de nos causar dano.*[57]

Já o olhar mais positivo, otimista e, por isso, confiante, com a menor carga de dramaticidade possível, aquele que encara as crises como oportunidades de crescimento, nos predispõe a enfrentarmos as tempestades com força redobrada, com a fé que remove montanhas, com o pensamento voltado para as soluções que haveremos de encontrar. Além do mais, o otimismo, por nos tornar mais simpáticos e agradáveis, atrairá pessoas boas ao nosso convívio, e isso será também importante fator de apoio emocional nos momentos de turbulência.

Léon Denis afirma que:

57. Apud Larry Dossey. *O poder de cura das coisas simples.* Cultrix.

*O simples fato de olharmos de frente para o que cha-
mamos o mal, o perigo, a dor, a resolução de os afron-
tarmos, de os vencermos, diminuem-lhe a importância
e o efeito.*[58]

Essa a atitude positiva para quem deseja chegar à vitória!

Do ponto de vista espiritual, a interpretação otimista é a mais recomendada, pois, de acordo com André Luiz: "Geralmente, o mal é o bem mal-interpretado."[59] Daquela experiência difícil surgirá uma nova situação melhor do que aquela em que nos encontrávamos antes do problema.

Enfim, nada de ser profeta do caos!

58. Léon Denis. *O problema do ser, do destino e da dor.* FEB.
59. Francisco C. Xavier, André Luiz [Espírito]. *Sinal verde.* CEC.

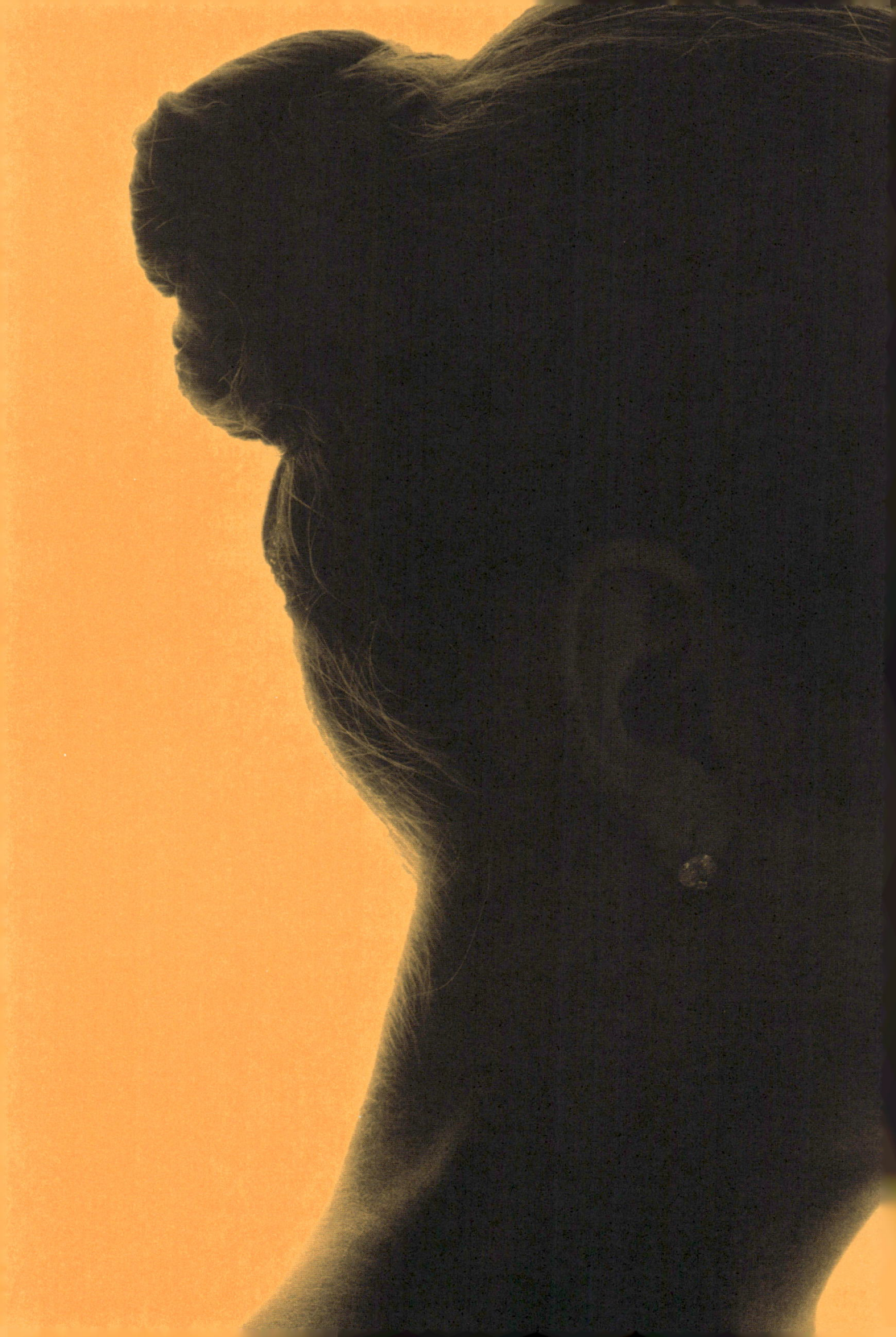

O olhar mais positivo, otimista e, por isso, confiante, aquele que encara as crises como oportunidades de crescimento, nos predispõe a enfrentarmos as tempestades com força redobrada, com a fé que remove montanhas, com o pensamento voltado para as soluções que haveremos de encontrar.

20

O Espetáculo da Vida

Depois da morte é que vemos
Quando a luz se nos revela,
Quanta sombra e bagatela
Guardamos no coração.

Quantos lamentos inúteis
Complicavam-nos a vida,
Quanta palavra perdida
Quanto tempo gasto em vão!
MARIA DOLORES

Francisco C. Xavier, Maria Dolores [Espírito]. *Coração e vida*. IDEAL.

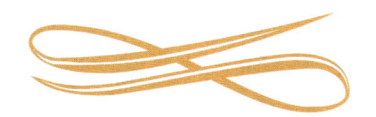

Depis da morte é que vemos
Quando a luz se nos revela,
Quanta sombra e bagatela
Guardamos no coração.

Quantos lamentos inúteis
Complicavam-nos a vida,
Quanta palavra perdida
Quanto tempo gasto em vão!
MARIA DOLORES

A MORTE PODE SER COMPARADA A UMA PROFESSORA QUE NOS ajuda a refletir sobre as grandes lições de vida oriundas da experiência que tivemos na Terra. Não sendo um ponto final em nossa existência, a morte é simples passagem da vida física para a vida espiritual, vidas que continuam interligadas pelo fio condutor de tudo aquilo que fizemos de nós mesmos.

Do jeito que estivermos na experiência física, acordaremos no mundo espiritual. E, do jeito que estivermos lá, despertaremos aqui, pelas portas da reencarnação! Para o Espírito, não há mudanças bruscas pelo simples fato de mudar de plano de existência. Nossa evolução espiritual é feita passo a passo, sem saltos mirabolantes, embora ninguém deva permanecer estacionado nas próprias imperfeições.

A vida nos convida a um processo de constante renovação. É por isso que, por ocasião da nossa passagem para o mundo espiritual, encerrando um dos ciclos da nossa jornada perante a eternidade, a morte nos faz entender, com mais lucidez, a vida que acabamos de deixar na Terra. O objetivo é provocar a nossa reflexão sobre o aproveitamento que tivemos na experiência finda, detectar os avanços feitos e mapear os enganos cometidos. Não haverá um julgamento propriamente dito, feito por juízes celestiais, mas uma inevitável reflexão que a morte provoca em nossa própria consciência; afinal, é na consciência que as Leis Divinas se acham gravadas.[60]

Já antecipando o que também irá ocorrer conosco, a Espiritualidade nos avisa que nosso balanço existencial passará, necessariamente, pela avaliação de como empregamos o tempo aqui na experiência física. E, segundo o relato dos que nos antecederam na viagem de volta, tem havido muito tempo gasto em vão e muitas oportunidades perdidas, sem justa razão. Não raro, perdemos a própria encarnação, gastando tempo e energia em situações que jamais poderiam acrescentar algo de útil à nossa existência.

Quantas mágoas guardadas inutilmente no coração, conservadas no vinagre do ressentimento por anos a fio, que apenas fizeram consumir as nossas melhores disposições para a construção da nossa felicidade!

60. Allan Kardec. *O livro dos Espíritos.* Tradução de J. Herculano Pires. LAKE. [questão 621]

Quantas horas desprezadas em discussões por ninharias, que deixaram nosso coração se contaminar com o veneno da discórdia, afugentando a paz de nossos dias!

Quantas oportunidades desperdiçadas pelo temor de enfrentar lutas e desafios, como se a criatura viesse para a experiência física em permanente jornada de férias!

Quantos dias mortos pela preguiça, pelo tédio, pelo "eu ferido", pelas lamentações intermináveis, que apenas minaram as nossas forças interiores e impediram o cumprimento de nossas obrigações e a realização de nossos sonhos!

Quanto tempo esperando por dias perfeitos, pessoas perfeitas e situações ideais, enquanto a realidade, permeada por toda a sua luz e sombra, passava bem diante do nosso nariz, sem que soubéssemos aproveitar o que ela tinha de bom a nos oferecer, construindo a felicidade com o material que Deus nos concedeu!

A vida é um espetáculo, e quem faz o show somos nós!

Não importa o cenário, importa como atuamos no palco da vida. E nós é que escolhemos como atuar!

Vejamos como Jesus nos é um grande exemplo. Ele nasce numa estrebaria; seus pais não são ricos ou importantes; vive boa parte de sua vida numa cidade sem nenhum prestígio social; o único ofício que teve foi o de carpinteiro. Não escreveu livros, não teve funções no templo religioso, não criou fortuna, não teve amigos influentes. Viveu entre os pobres, doentes, desesperados e pecadores. Como se vê, um cenário em que ninguém imaginaria que o maior espetáculo da vida iria se desenrolar.

Esse homem, que teve tão pouco, que experimentou tantos ventos contrários, viveu a vida mais exuberante na face da Terra! Dividiu a história em "antes" e "depois" dele. Jesus soube ver a beleza nos lírios do campo, encontrou esperança ao ver as aves no céu, via a presença de Deus nos leprosos e o anjo de luz em cada irmão caído pelo erro. Precisou apenas de três anos para mudar o curso da história da humanidade. E foi ele quem disse que poderíamos fazer também tudo o que ele fez, e até mais![61] Basta agir como ele agiu!

O conhecimento da vida espiritual não se destina apenas a saber o que nos aguarda além da morte. É lição viva, que nos estimula a viver melhor hoje mesmo, como Jesus viveu, enquanto estivermos no palco da vida. Isso é acender a luz da vitória!

Levemos nossa passagem pelo mundo mais a sério, aproveitando cada segundo da existência com espírito de amor e sabedoria, pois não sabemos quando as cortinas se fecharão para nós...

---

61. *João* 14:12.

O conhecimento da vida espiritual não se destina apenas a saber o que nos aguarda além da morte. É lição viva, que nos estimula a viver melhor hoje mesmo, como Jesus viveu, enquanto estivermos no palco da vida. Isso é acender a luz da vitória!

21

Morrer pra Germinar

*Rogo a você, Aldinha, não
me procure na legenda do
cemitério. Quando você
quiser comprar enfeites para
o pequenino recanto de terra
em que supõe lembrar-me com
ternura, compre alimento para
as criancinhas que choram.*

ALMIRO

Elias Barbosa. *Presença de Chico Xavier.* IDE.

Rogo a você, Aldinha, não me procure na legenda do cemitério. Quando você quiser comprar enfeites para o pequenino recanto de terra em que supõe lembrar-me com ternura, compre alimento para as criancinhas que choram.
ALMIRO

CHICO XAVIER INTERMEDIOU ESSA MENSAGEM QUE O ESPÍRIto Almiro, falecido num desastre aéreo, enviou à sua esposa, dona Alda, trazendo muito alento e conformação à viúva, que alimentava a ideia de suicídio, após o repentino desencarne do amado esposo.

Num outro trecho da carta, Almiro escreve palavras tocantes à sua querida esposa: "Como poderia você acreditar em separação, se nós dois estamos um no outro? Seus pensamentos movem minha cabeça. Seu coração bate no meu." Oh, morte, onde está, então, o seu poder, se a sepultura não destrói os laços do coração? O amor cria laços que a morte não desfaz; ao contrário, ficam mais apertados, firmes pela força do amor, da saudade e da certeza do grande reencontro...

Por isso, Almiro exortou a companheira para que tivesse coragem e prosseguisse sua vida, desistindo das ideias suicidas e abraçando tarefas novas de socorro aos "filhinhos dos outros, aparentemente desamparados na Terra". Vida gerando vida, amor fomentando amor. Só isso será capaz de preencher o vazio da ausência física do ser amado.

O amor tem que dar frutos; do contrário, não é amor, é sentimento egoístico, que não germina. Gilberto Gil entendeu isso muito bem:

O amor da gente é como um grão
Uma semente de ilusão
Tem que morrer pra germinar
Plantar nalgum lugar
Ressuscitar no chão
Nossa semeadura[62]

Por isso é que Almiro convida a esposa a plantar aquela semente do amor tão bonito existente entre eles no coração das crianças desamparadas. No lugar de enfeites no cemitério, alimento para as crianças que choram de fome. Aquele amor entre o casal não poderia mais ser apenas deles, não poderia ficar restrito à família biológica. A separação provisória os convidou a um amor maior, um amor plantado em outro lugar, para que desse novos frutos e continuasse a crescer. Quanto mais a árvore cresce, mais seus galhos se ampliam, como braços acolhedores aos que procuram o abrigo de

---

62. Canção intitulada *Drão*.

sua sombra. Creio que o verdadeiro amor é uma árvore sempre crescente...

Os filhos que voltaram ao mundo espiritual não querem ver seus pais chorando continuadamente no cemitério, não desejam que o amor que recebiam se transforme em lamento na lápide fria da sepultura. Pesa muito a eles ver os pais destruindo suas vidas porque esses filhos foram chamados por Deus a uma nova jornada nos infinitos caminhos do mundo espiritual.

Consola-os, porém, quando os genitores passam a trocar as horas vazias e tristes por horas de dedicação e amor a outros irmãos necessitados, todos pertencentes à nossa família humana. Essa é uma perspectiva mais abrangente do amor que devemos ao próximo. Em regra, o próximo para nós é alguém ligado à nossa família biológica. Jesus, porém, trouxe um olhar mais amplo sobre a questão, quando, certa feita, encontrando-se junto à multidão que o envolvia, foi procurado por sua mãe e seus irmãos. Ao ser informado de que os familiares o buscavam, Jesus formula desconcertante pergunta: "Quem é minha mãe e meus irmãos?" E ele mesmo responde à questão, repassando com o olhar os que estavam sentados ao seu redor: "Eis a minha mãe e os meus irmãos. Quem fizer a vontade de Deus, esse é meu irmão, irmã e mãe."[63]

---

63. *Marcos* 3:31–35.

Óbvio que Jesus não quis desprezar sua família de sangue, mas desejou ampliar nossa visão de família para além dos vínculos biológicos. Para Albert Nolan:

A comunidade ou sociedade que Jesus esperava era mais como uma família de irmãos e irmãs, tendo Deus como um pai cheio de amor. A imagem que ele tinha do Reino ou domínio de Deus era de uma casa de família feliz e transbordante de amor, não de um império conquistador e opressivo.[64]

Ao lado do parentesco corporal, sempre transitório, temos o parentesco espiritual, que liga todos nós à condição de irmãos e irmãs uns dos outros, por toda a eternidade.

Dentro desse raciocínio, não seria o caso de se pensar em quem estaria, no mundo espiritual, velando por nossos familiares desencarnados? Nem sempre nossos antepassados estão em condições de acolher e amparar os entes queridos que retornam à pátria espiritual. E, mesmo que estejam, eles também precisarão da colaboração de outras almas não ligadas à nossa família biológica. Então, não seria tudo uma questão de simples permuta dentro do regime da fraternidade universal?

---

64. Albert Nolan. *Jesus hoje – uma espiritualidade de liberdade radical*. Paulinas.

Muitas vezes, meu coração aperta de saudade dos meus pais, que já estão na pátria espiritual. Como gostaria de ainda tê-los ao meu lado e de fazer por eles um pouco mais do que, em vida, não consegui realizar! Uma frustração me dominava nessas horas, até que um dia as palavras ditas por Jesus a João Evangelista na hora da cruz, na presença de sua mãe Maria, entraram em mim de um jeito diferente: "João, eis aí a sua mãe!"[65] E João levou Maria para casa. Passei a entender que todas as mães também são minhas, e que eu deveria oferecer a elas o que eu gostaria de dar a Dona Manoela, minha mãe biológica.

E passo a ver o rosto de minha mãezinha nas mães que encontro na rua, no trabalho, nas palestras que realizo, nas mensagens que me enviam pedindo orientação espiritual. Procuro agir como se fosse filho delas, dando-lhes, sobretudo, a minha atenção, os meus ouvidos, o meu olhar, as minhas preces. Procuro acolhê-las na casa do meu coração. É a forma mais bonita como eu posso amar Dona Manoela, amando as mãezinhas que estão ao meu redor, muitas das quais sem ninguém que por elas vele. E como elas me retribuem com um carinho maternal! Algumas me chamam de "meu filho", e isso é tudo o que eu, muitas vezes, preciso ouvir...

65. *João* 19:26–27.

O amor nos convida a raciocínios mais amplos e a sentimentos cada vez mais abrangentes. Esse é o amor que cura a dor da morte, enxuga as nossas lágrimas e nos integra à grande família universal, através da semente que morreu, mas volta a germinar.

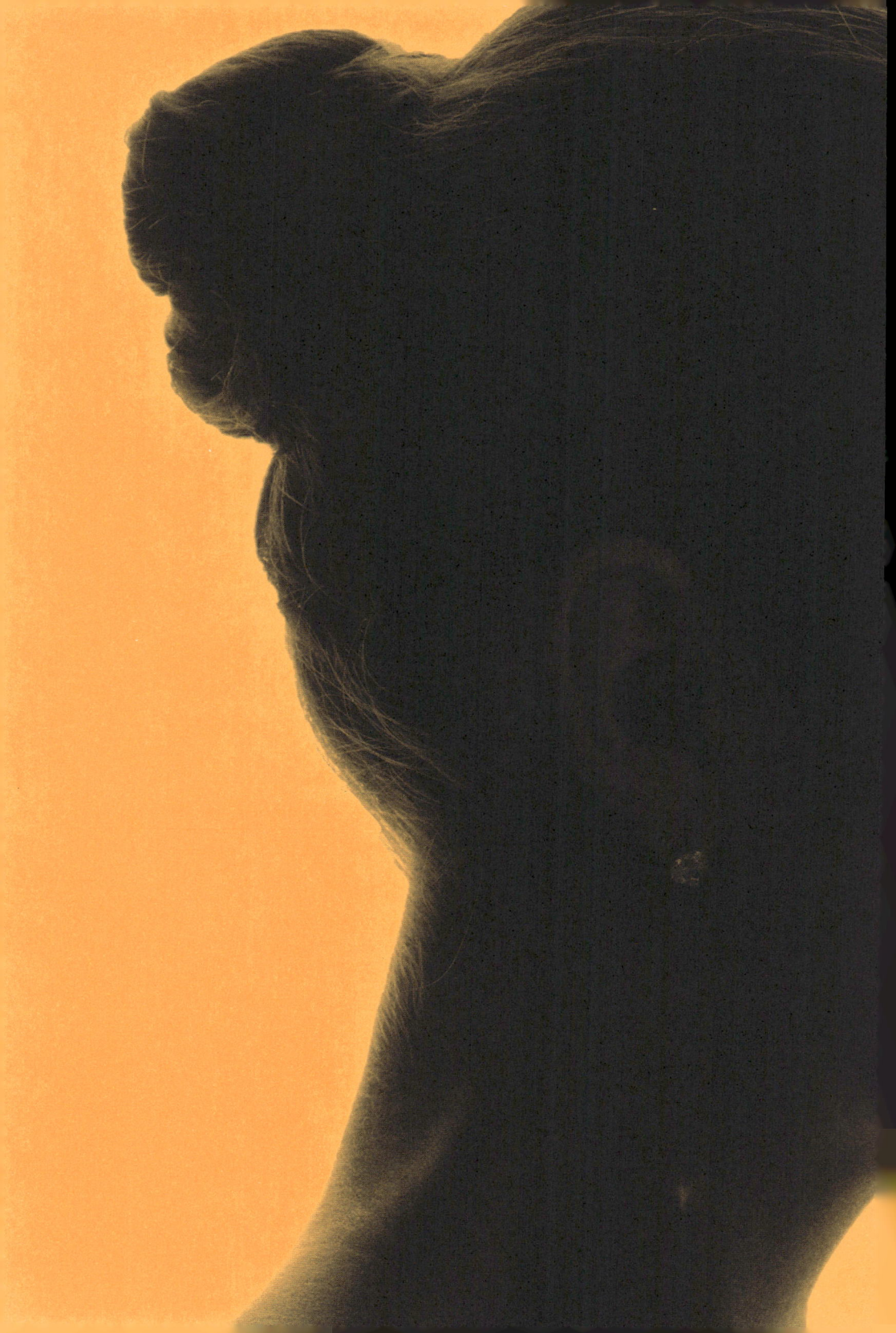

O amor nos convida a raciocínios mais amplos e a sentimentos cada vez mais abrangentes. Esse é o amor que cura a dor da morte, enxuga as nossas lágrimas e nos integra à grande família universal, através da semente que morreu, mas volta a germinar.

22

Sistema de Vida

*Jesus é um sistema de vida;
ele não escreveu, não se
imortalizou por uma obra
literária que definisse uma raça,
um povo. Tudo o que ele ensinou
é aplicável à vida cotidiana,
seja aqui, seja na China, seja
na Tailândia, seja na África,
seja no continente europeu.*

CHICO XAVIER

Mucio Martins (org.). *Lições de Chico Xavier de "A" a "Z".* LEEPP.

> Jesus é um sistema de vida; ele não escreveu, não se imortalizou por uma obra literária que definisse uma raça, um povo. Tudo o que ele ensinou é aplicável à vida cotidiana, seja aqui, seja na China, seja na Tailândia, seja na África, seja no continente europeu.
> **CHICO XAVIER**

Há tempos tenho me indagado sobre o que Jesus representa em minha vida. Confesso, sem nenhum ar de superioridade, que, desde pequeno, sinto um forte impulso para segui-lo. Hoje, compreendo que tal sentimento mais se deve a uma necessidade de minha alma desorientada do que, propriamente, a uma virtude cristã, que não possuo.

Aos poucos, fui tentando me aproximar dele, primeiro através do catolicismo e, depois, do espiritismo. Na juventude, faltou pouco para ingressar na vida sacerdotal. Integrado, anos mais tarde, nas fileiras do espiritismo, escrevi três livros sobre Jesus.[66] Nada obstante, reverbera em mim, de uma forma inquietante, uma pergunta que Jesus fez a Simão Pedro: "Simão, tu me amas?"[67]

---

66. *O médico Jesus*; *Alguém me tocou*; e *O amigo Jesus*. Todos publicados pela Intelítera.
67. *João* 21:15–17.

Sinto essa indagação também sendo dirigida a mim, como certamente dirigida a você que me lê neste instante. Acredito que Jesus deseja saber que importância ele tem em nossa vida, que espaço ele ocupa em nosso coração e o quanto nos permitimos ser conduzidos por sua mensagem. À indagação de Jesus, Simão Pedro respondeu que o amava. Eu já não sei se posso dizer o mesmo...

Esses questionamentos ficaram mais intensos quando li Chico Xavier se referir a Jesus como um "sistema de vida"! Essa afirmação me impactou profundamente! Não está sendo nada fácil escrever estas linhas, porque, revisando minha vida cristã, observo que ela tem sido mais formal do que vivencial: vou ao centro espírita habitualmente, faço palestras, escrevo livros, falo de Jesus e seus ensinos, mas não vivencio sua mensagem com a mesma frequência e intensidade com que falo a seu respeito e oro pedindo sua ajuda para minhas dificuldades.

Usando uma linguagem da informática, admito que ainda não instalei definitivamente o sistema de vida de Jesus nos arquivos do meu coração. Tenho feito algumas tentativas, admito, mas o programa do Cristo é desinstalado em pouco tempo. Logo reassume o homem velho, exclusivista, carente, necessitado de todos os olhares alheios, porque sequer teve coragem de olhar para si mesmo com o mesmo amor com que Jesus olhou para todos os que se sentiam a pior pessoa do mundo...

O sistema de Jesus é uma proposta de vida que vai muito além do território da religião. Quando Jesus nos pede que o sigamos, quando solicita que amemos como ele nos amou, que perdoemos como ele perdoou, que sejamos fraternos como ele foi, mansos e humildes como ele se mostrou, na verdade, está nos anunciando as leis de Deus que regem o nosso destino, as quais, uma vez assimiladas, nos levarão à felicidade e à plenitude do viver. A mensagem de Jesus não fala em observância de ritos religiosos, mas em abertura do nosso coração ao amor. Por isso, ela fala a todos os homens, independentemente do credo de cada um, e também àqueles que nenhum credo professam.

O escritor cristão Ed René Kivits esclarece, com seu próprio testemunho, esse processo de conversão:

Quando me tornei discípulo de Jesus, imaginei que fosse apenas mudar de religião, e que isso implicaria acreditar em algumas coisas nas quais antes eu não acreditava, ou então participar de determinados rituais religiosos dos quais antes eu não participava. Imaginei, inclusive, que a grande questão de meu relacionamento com Jesus era que eu deveria abraçar um novo código moral e que meu discipulado com Jesus era apenas uma questão ética. Além disso, eu imaginava que poderia contar com seus favores para resolver meus problemas cotidianos, afinal, Jesus é mestre em milagres. Mas com o passar do tempo, fui percebendo que o chamado de Jesus era muito mais profundo. Ele queria que eu me tornasse outro tipo de pessoa. Um tipo de pessoa exatamente igual a ele.[68]

A conclusão a que eu cheguei é de que Jesus deseja que tenhamos um coração igual ao dele. Mas seria isso possível para nós? É o próprio Jesus quem nos responde: "Aprendei de mim, porque sou manso e humilde de coração."[69] Ele não nos pediria algo que estivesse fora do nosso alcance. Sim, para Jesus, é possível que tenhamos um coração igual ao dele, mas precisamos reconhecer que essa conquista é um aprendizado ("Aprendei de mim!") que se faz através do tempo, de muitas experiências de erro e acerto e da vontade do discípulo de seguir os passos de seu mestre. Essa visão da educação espiritual como um processo gradativo é que tem me ajudado a perseverar no caminho, quando vejo que meu coração ainda não pulsa como o de Jesus.

Quando me ofendem, eu ainda sinto mágoa. Ainda não consigo manifestar a perfeição de não ficar zangado com quem me atira pedras. E sei que Deus me entende,

68. Ed René Kivits. *Talmidim, o passo a passo de Jesus.* Mundo Cristão.

69. *Mateus* 11:29.

sobretudo porque sou honesto ao reconhecer minhas impossibilidades. Por essa razão é que, em minhas orações, eu digo assim: "Meu Pai, eu tenho mágoas dessa pessoa. Ajude-me a perdoar, a renunciar à raiva, a não desejar qualquer tipo de punição, a ter um olhar diferente sobre ela. Que eu veja não os seus erros, mas a luz divina que habita o seu ser. E que essa experiência me seja oportunidade para amar um pouco mais. Assim seja."

Todos seremos amanhã um "Cristo", cuja edificação está sendo feita a partir das experiências do hoje. E creio firmemente nisso, porque Deus me criou do mesmo jeito que criou Jesus. A matéria-prima é a mesma! O que hoje, para Jesus, é uma realidade, para mim ainda é uma potencialidade, que, aos poucos, vai sendo despertada. Mas posso dizer que há um Cristo em nosso coração, a essência divina que nos permitirá, na medida da abertura que dermos a ela, fazer tudo o que Jesus fez, e até muito mais, conforme ele mesmo disse![70]

A perfeição que Jesus nos recomenda é um horizonte para o qual caminharemos pelas trilhas da eternidade, um ideal perene, que vai se construindo em cada lance da nossa existência. Sendo verdade que a natureza não dá saltos, não dá para virar anjo do dia para a noite. Assim, hoje, eu devo me empenhar para ser o mais perfeito

70. *João* 14:12.

possível, respeitada a minha idade evolutiva. Eu não posso cobrar de um aluno do Ensino Fundamental que ele resolva questões de álgebra que são ministradas no Ensino Médio. No entanto, não posso deixar de cobrar desse aluno a boa assimilação de operações aritméticas.

Com mais de dois mil anos de Evangelho na face da Terra, estou longe da perfeição de um São Francisco de Assis, de Buda, de Madre Teresa de Calcutá, de Francisco Cândido Xavier e de tantos outros iluminados. Contudo, estou certo de que já posso ser um pouco melhor do que tenho sido, ou, como me diz um Espírito amigo, "melhorzinho"…

Vale a pena, portanto, nos perguntarmos, nos lances mais comuns da nossa vida: como Jesus agiria no meu lugar? De que forma ele amaria? Como ele perdoaria? Como ele compreenderia as fragilidades humanas? Como ele trataria meus familiares mais difíceis? Como ele executaria as minhas funções no trabalho? Como ele lidaria com os meus inimigos? Como ele enfrentaria as minhas adversidades? Como ele carregaria a minha cruz?

Padre Zezinho, admirável sacerdote católico, em uma de suas músicas mais conhecidas, nos apresenta respostas a tais perguntas:

Amar como Jesus amou
Sonhar como Jesus sonhou
Pensar como Jesus pensou
Viver como Jesus viveu
Sentir o que Jesus sentia
Sorrir como Jesus sorria
E ao chegar o fim do dia
Eu sei que dormiria muito mais feliz[71]

São propostas-desafios. São caminhos. Precisamos entrar na trilha e percorrê-la, um passo por vez, mas andando, "melhorzinhos". Aos poucos vamos conseguindo, às vezes acertando, outras repetindo velhos padrões. Mas, tendo firme o nosso propósito de vitória, esses padrões vão ficando embolorados, mofados, cheirando mal. E chegará o momento em que nossa consciência já não mais aceitará colocar remendo de pano novo em roupa velha, como alertou Jesus.[72] Vamos querer vida nova! E, assim, a evolução terá dado mais um passo!

O Evangelho é um perfeito sistema para quem deseja o bem viver. Quando a gente, nas mínimas coisas, começar a ter aquele "jeitão" de Jesus, tenhamos a certeza de que chegaremos ao fim do dia vitoriosos e muito mais felizes!

---

71. Canção intitulada *Amar como Jesus amou*.
72. *Mateus 9:16.*

O Evangelho é um perfeito sistema para quem deseja o bem viver. Quando a gente, nas mínimas coisas, começar a ter aquele "jeitão" de Jesus, tenhamos a certeza de que chegaremos ao fim do dia vitoriosos e muito mais felizes!

23

Desintoxi-cação

Habitara a Terra, gozara-lhe
os bens, colhera as bênçãos
da vida, mas não lhe retribuíra
ceitil do débito enorme. Tivera
pais, cuja generosidade e
sacrifícios por mim nunca avaliei;
esposa e filhos que prendera,
ferozmente, nas teias rijas do
egoísmo destruidor. Possuíra
um lar que fechei a todos os
que palmilhavam o deserto
da angústia. Deliciara-me
com os júbilos da família,
esquecido de estender essa
bênção à imensa família
humana, surdo a comezinhos
deveres de fraternidade.
ANDRÉ LUIZ

Francisco C. Xavier, André Luiz [Espírito]. *Nosso Lar.* FEB.

Habitara a Terra, gozara-lhe os bens, colhera as bênçãos da vida, mas não lhe retribuíra ceitil do débito enorme. Tivera pais, cuja generosidade e sacrifícios por mim nunca avaliei; esposa e filhos que prendera, ferozmente, nas teias rijas do egoísmo destruidor. Possuíra um lar que fechei a todos os que palmilhavam o deserto da angústia. Deliciara-me com os júbilos da família, esquecido de estender essa bênção à imensa família humana, surdo a comezinhos deveres de fraternidade.
ANDRÉ LUIZ

L EMOS ACIMA A CONFISSÃO QUE, DEPOIS DA MORTE, ANDRÉ Luiz faz a respeito de sua passagem pela experiência física. Seria de se imaginar que fosse um relato feliz, pois ele menciona que gozou os bens terrenos, colheu as bênçãos da vida, teve pais generosos e uma família também abençoada. Não é tudo o que muitas vezes também almejamos? Por que, então, um tom de lamento no depoimento de André?

Já antecipando a resposta, eu diria que ele constatou, somente depois da morte, que não foi feliz, porque viveu egoisticamente. Não conseguiu ver mais nada além de si mesmo. Não retribuiu à vida nem a mínina parte do que recebera. Por isso, teve a convicção de ter chegado ao mundo espiritual na condição de devedor dos créditos que a sabedoria divina colocara em sua jornada, não apenas para proveito próprio, mas também para repartir com os irmãos que cruzaram seus passos na Terra.

André também sente que foi ingrato com os pais generosos e dedicados que Deus colocou em seu caminho.

Nunca avaliou os sacrifícios que os genitores fizeram para lhe garantir, dentre outras muitas vantagens, os custosos estudos na faculdade de medicina. A ingratidão não deixa de ser um traço egoico, porque parte da falsa premissa de que todos têm a obrigação de atender às nossas necessidades. Raramente, o egoísmo nos deixa perceber que grande parte das nossas vitórias, senão de todas, é fruto da colaboração sacrificada de muitas almas.

Hoje, eu admito que, na base das minhas conquistas, houve renúncia, suor e lágrimas de meus pais. Sou, por isso, um devedor da vida, e espero retribuir pelo menos um pouco do muito que recebi deles e de outros corações caridosos que surgiram em minha trilha nos momentos em que eu mais precisava. Deus sempre manda "anjos" disfarçados em nosso amparo; nós é que, quase sempre, não os reconhecemos, em virtude da cegueira do nosso egoísmo.

Em relação à esposa e aos filhos, André Luiz confessa que os trancou ferozmente nas teias do egoísmo. É possível deduzir de suas palavras que ele era um homem ciumento e possessivo, exigindo que os familiares vivessem para ele e em torno dele. Por isso, André fala que foi um egoísmo destruidor, vale dizer, não permitiu que os laços de família se tornassem laços de amor, amizade e ternura. O laço deve ter sido tão apertado, que asfixiou a flor dos sentimentos mais nobres no grupo familiar.

Reconhece André, ainda, que viveu os júbilos da família biológica, porém elevou alto demais os muros da sua felicidade, enquanto sua família humana experimentava os desertos da angústia.

Observe, amigo leitor, que André Luiz deixou de ter uma vida verdadeiramente feliz, não porque lhe faltaram condições materiais para tanto, mas porque lhe faltou amar, repartir, respeitar, amparar, agradecer, retribuir! E muitos de nós estamos querendo ter a mesma vida que André teve na Terra, achando que viver apenas para si traz felicidade eterna...

Quanta ilusão de nossa parte, e dessa ilusão é que nós precisamos acordar! André Luiz acordou para essas verdades somente no mundo espiritual. Nós temos a possibilidade de acordar ainda nesta vida, e começar a vivê-la menos egoisticamente, mais amorosamente! É para isso que esse singelo livro chegou às suas mãos, para preparar a sua vitória, que não se resume a uma vida de conquistas materiais, sem que o amor seja a experiência mais rica da sua existência!

Você já deve ter lido ou ouvido aquela mensagem de São Paulo, falando que, sem amor, nós nada seríamos.[73] É só imaginarmos um médico sem amor, um político sem amor, um pai sem amor, um religioso sem amor, uma família sem amor, enfim um homem sem amor.

73. *1 Coríntios* 13:1–7.

Afirma São Paulo que o amor não é egoísta, porque o amor é bondoso! O amor inclui o outro em seu projeto de vida. O egoísmo o exclui! E, quando excluímos, quando pensamos exclusivamente em nosso próprio bem, não conseguimos sentir a felicidade genuína e sustentável, porque ficamos intoxicados de nós mesmos. Vivemos como estradas solitárias, quando deveríamos viver como ruas com muitas travessas.

A felicidade não consiste apenas em ter coisas, mas, sobretudo, em ser gente, ser humano, com sua característica mais bela, que é o dom de amar e ser amado. Ao nos criar, Deus transmitiu a cada um de nós o gene espiritual do amor, de modo que o homem somente se realiza quando também ama, isto é, quando também quer bem às pessoas à sua volta, fazendo a elas o que gostaria que essas pessoas lhe fizessem. Essa é a lei maior que Jesus ensinou a todos nós.[74]

Sendo uma lei espiritual que dirige nossos destinos, todas as vezes que o amor, em suas mais diversas faces, como o afeto, a generosidade, o perdão, a caridade, a renúncia, se expressar em nossos atos, viveremos em harmonia, e o perfume da felicidade nos envolverá com bênção de saúde e paz. Essa é a luz da vitória!

Mas, quando o amor se ausenta de nossos gestos, pensamentos e palavras, a desarmonia surge em nosso

---

74. *Mateus* 7:12.

caminho. Eu escuto pessoas se queixarem de vazio existencial. No entanto, olho para suas vidas e vejo que elas desfrutam de condições favoráveis. O que elas sentem, na verdade, não é um vazio interior; elas estão é cheias delas mesmas, cheias de uma vida centrada unicamente em suas necessidades. Elas estão fora da lei do amor; por isso, não se sentem realizadas, completas, felizes. A escritora Martha Medeiros, com sensibilidade, tocou nessa ferida do egocentrismo:

> *A vida só se tornará mais leve e divertida se pararmos de nos autoconsumir com tanta ganância e dermos uma olhadinha para fora. A gente perde muito tempo pensando na nossa imagem, no nosso futuro, nos nossos problemas, nas nossas vitórias, no nosso umbigo. Até que um dia acordamos asfixiados, enjoados, sem ânimo e sem paciência para continuar sustentando a pose, correspondendo às expectativas, buscando metas irreais, vivendo de frente pro espelho e de costas pro mundo.*[75]

Viver somente para si nos desgasta e adoece. Viver no amor nos abastece, revigora, nos realiza, traz plenitude e, assim, nos cura da maior doença que acomete o ser humano, que é o egoísmo. Quando nos aproximarmos do fim da vida, tenho certeza de que não iremos nos

---

75. Martha Medeiros. *Feliz por nada.* L&PM.

perguntar sobre o saldo de nossa conta bancária, mas o quanto teremos ou não preenchido nossa vida com amor. Precisamos esquecer um pouco de nós e começar a também pensar nas necessidades do outro. Menos "eu" e mais "nós". É assim que vamos nos desintoxicando de nós mesmos...

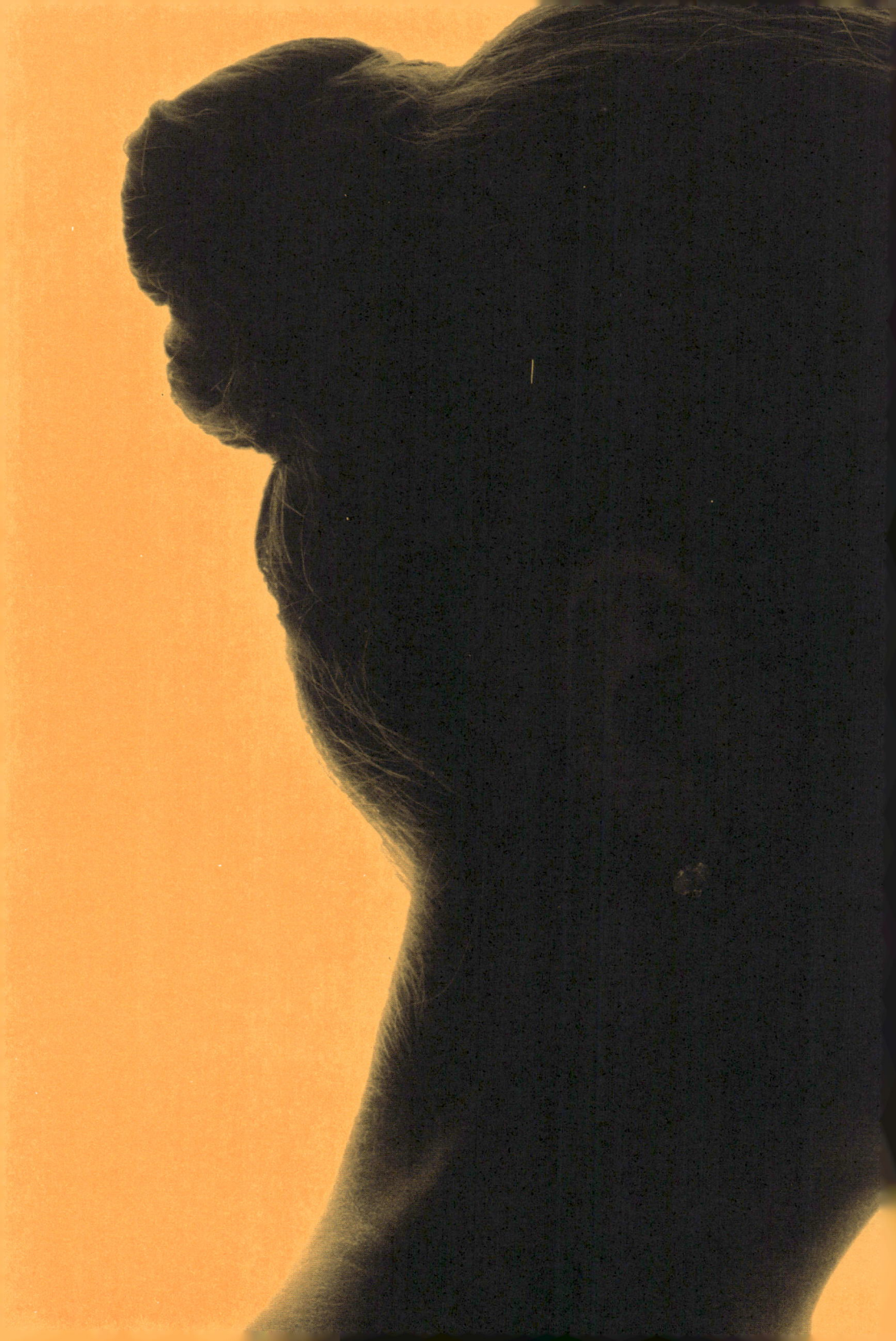

Viver somente para si nos desgasta e adoece. Viver no amor nos abastece, revigora, nos realiza, traz plenitude e, assim, nos cura da maior doença que acomete o ser humano, que é o egoísmo. Precisamos esquecer um pouco de nós e começar a também pensar nas necessidades do outro. Menos "eu" e mais "nós".

Tratamento Espiritual

24

Todos no mundo esperam algo, mas sem alegria na esperança muitos se transviam. Todos sofrem algo, mas sem paciência na dor muitos se desesperam. Todos desejam algo, mas sem persistência na oração muitos se desanimam.

OZIAS

Francisco C. Xavier, Espíritos diversos, Eugênio Eustáquio dos Santos (org.). *Registros imortais*. Vinha de Luz.

Todos no mundo esperam algo, mas sem alegria
na esperança muitos se transviam. Todos
sofrem algo, mas sem paciência na dor muitos
se desesperam. Todos desejam algo, mas sem
persistência na oração muitos se desanimam.
OZIAS

A MENSAGEM QUE ACABAMOS DE LER, INSPIRADA EM UM VER-
sículo da carta de São Paulo aos Romanos,[76] representa
um roteiro de luz para superarmos nossas tribulações:

Alegria na esperança.

Paciência na dor.

Perseverança na oração.

Muitas vezes, quando um problema nos tira a tran-
quilidade, entramos em faixas de desânimo, tristeza, desespero e apatia. E, quando esse quadro se instala, nossa situação tende a se agravar, porque quem tem à sua
frente um obstáculo precisa de forças para transpô-lo. A
treva pede a presença da luz, assim como a ferida pede
remédio para cicatrizar. Recebemos nesta lição três remédios de grande eficácia para as nossas crises. Quero
falar com você um pouco sobre cada um deles. Leia
como se estivesse lendo a bula de um remédio.

---

76. *Romanos* 12:12.

ALEGRIA NA ESPERANÇA

A esperança é um santo remédio. Ela nos faz ver que todo problema é passageiro, e esse olhar traz alívio ao nosso coração aflito. Não há dor que se eternize. Depois do ponto mais escuro da noite, surge a alvorada de um novo dia. Depois do inverno, nasce a primavera. Só o bem é eterno, porque o bem vem de Deus, e Deus não criou o mal. O mal é criação do homem, fadado a desaparecer tão logo a criatura vá se despoluindo de suas negatividades.

A dor pode ser comparada à tempestade que vem purificar a atmosfera. Quando estivermos sob a tempestade de problemas, tenhamos a certeza de que as leis da vida estão saneando o nosso mundo íntimo, eliminando os detritos que estão tirando a pureza de nossa alma. Isso também traz esperança, porque sabemos que a dificuldade não deixa de ser um tratamento de beleza espiritual, eliminando as imperfeições que tanto mal têm causado a nós mesmos. E essa esperança traz alegria, porque guardamos a certeza de que estamos sendo levados a uma situação melhor do que aquela em que nos encontrávamos anteriormente.

Na música *Juízo final*, seu compositor, Nelson Cavaquinho, escreveu coisas bonitas sobre a esperança:

O sol há de brilhar mais uma vez
A luz há de chegar aos corações
Do mal será queimada a semente
O amor será eterno novamente

Hoje, o tempo pode estar nublado de problemas, mas a esperança nos diz que o sol há de brilhar mais uma vez e que a luz há de chegar aos corações. A doce voz da esperança também nos fala que a semente do mal que cresceu em nossa vida será queimada, e o amor estará de volta ao nosso caminho. Isso nos traz alegria, nos faz esperançosos, mas não é uma espera passiva, inerte, acomodada. É esperar trabalhando para que tudo isso aconteça, e com convicção de que irá acontecer.

PACIÊNCIA NA DOR

Não há vitória nas tribulações sem que tomemos diariamente o remédio da paciência. No mais das vezes, as dificuldades de hoje são resultantes de nossos equívocos de longos anos, às vezes, até, vieram de outras existências. Uma colega me contou que, ainda adolescente, o médico lhe dizia que, se ela não se cuidasse, poderia ficar diabética. Ela não se cuidou. Hoje, aos cinquenta anos, a diabetes apareceu. Ao lado da dieta alimentar, dos comprimidos de metformina, tem de tomar também doses diárias de paciência, para aceitar e conviver com a doença. Sem paciência, ficará revoltada e, provavelmente, não tomará os remédios nem seguirá a dieta, pondo em risco a própria vida.

Imagine, agora, que nossa dificuldade seja de convívio com um familiar de difícil trato. É quase certo que essa história tenha capítulos anteriores à presente existência. Ninguém possui laço de parentesco sem razão de ser. Hoje, reencontramos no grupo familiar os afetos e desafetos do passado. Aquela pessoa com quem, outrora, tivemos desavenças, em razão de algum mal que lhe causamos, pode ter voltado ao nosso convívio na condição de um filho rebelde, por exemplo. Explica Emmanuel: "O filho rebelde e vicioso é o irmão que arrojamos, um dia, à intemperança e à delinquência."[77]

Ora, como resgatar nossa dívida de amor para com esse filho sem que a paciência nos envolva diariamente? Não será do dia para a noite que conquistaremos o coração ferido desse irmão. Se, na Terra, muitas vezes, levamos anos a fio para quitar o financiamento da casa própria, imagine quanto tempo não levaremos para saldar nossas dívidas de amor! Só o tempo, regado à paciência, poderá nos dizer.

Precisamos nos acautelar contra o nosso imediatismo, a nossa ansiedade de querer tudo resolvido do dia

77. Francisco C. Xavier, Waldo Vieira, Emmanuel [Espírito]. *Leis de amor.* FEESP.

para a noite. Há situações em que precisamos do concurso do tempo. E não há vitória sem a colaboração da paciência!

PERSEVERANÇA NA ORAÇÃO

A prece é o canal do revigoramento de nossas forças para as lutas que estamos enfrentando. É também um escudo que nos protege das energias negativas que circundam o nosso planeta, sobretudo nesses tempos de intensas turbulências que estamos vivendo. Quem não toma o remédio da oração fica mais exposto ao vendaval do negativismo que vem predominando na atualidade.

E não nos poderia acontecer coisa pior, quando estamos atravessando um período de dificuldades! Ficaremos como um carro parado na estrada por falta de combustível. Oremos, pois, diariamente, pedindo a Deus forças e sabedoria para andar na chuva, sem que ela nos impeça a marcha. Quando a prece sai da nossa alma, dizia Chico Xavier que, antes que ela suba da Terra ao Céu, o Céu já está chegando à Terra,[78] e, com certeza, Deus nos enviará capa e guarda-chuva para enfrentarmos as tempestades.

78. Mucio Martins (org.). *Lições de Chico Xavier de "A" a "Z"*. LEEPP.

Bem lembrou Marianne Williamson:

Nosso triunfo sobre a dor não é que podemos evitá-la, mas sim que podemos enfrentá-la. E aí está nossa esperança: que, em Espírito, possamos nos tornar maiores do que os problemas que enfrentamos.[79]

E, para tanto, Deus nos deu três fortificantes para a nossa vitória. Acabamos de ler a bula. Agora, é começar o tratamento, desde já, sem data para terminar!

79. Marianne Williamson. *Graça cotidiana*. Rocco.

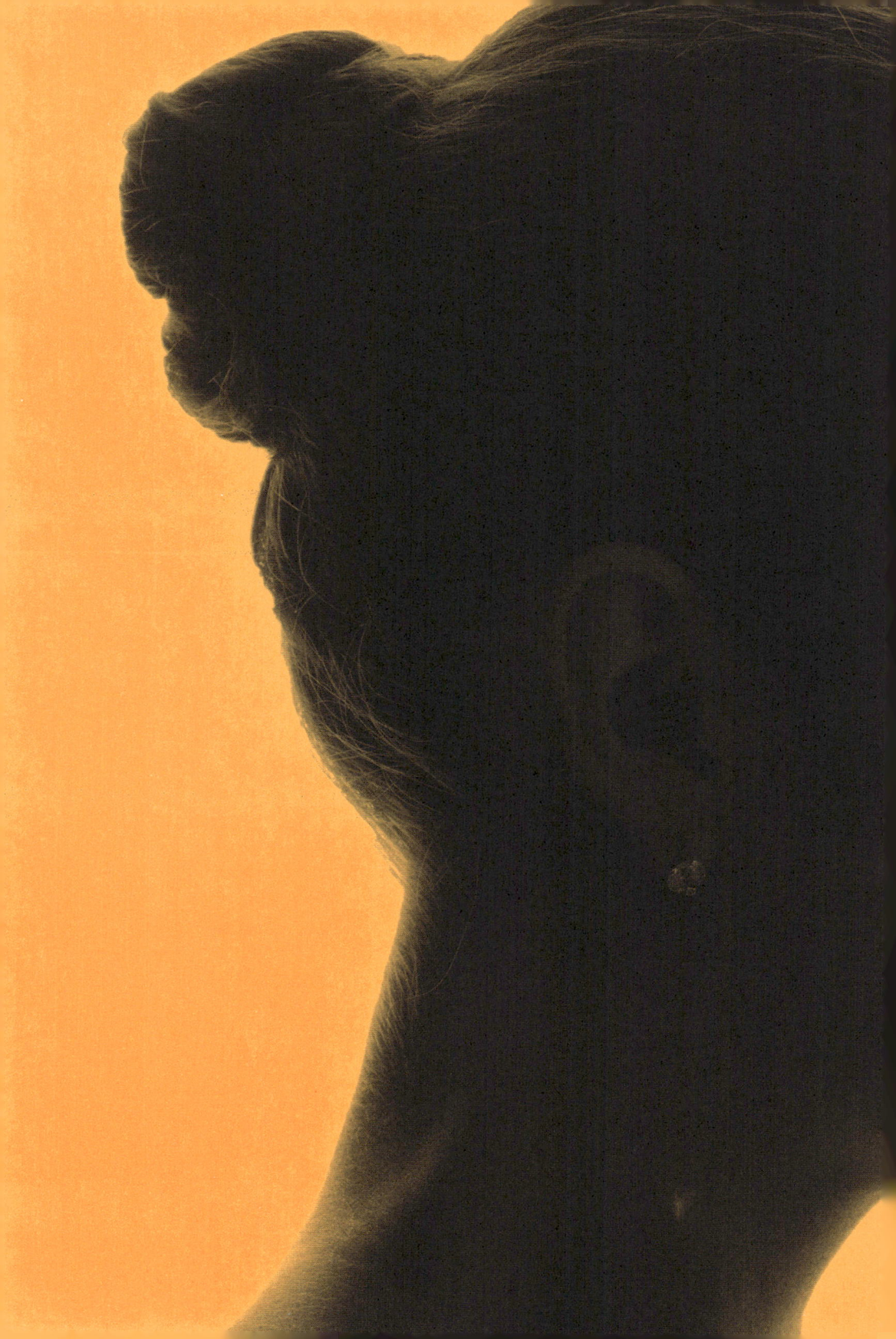

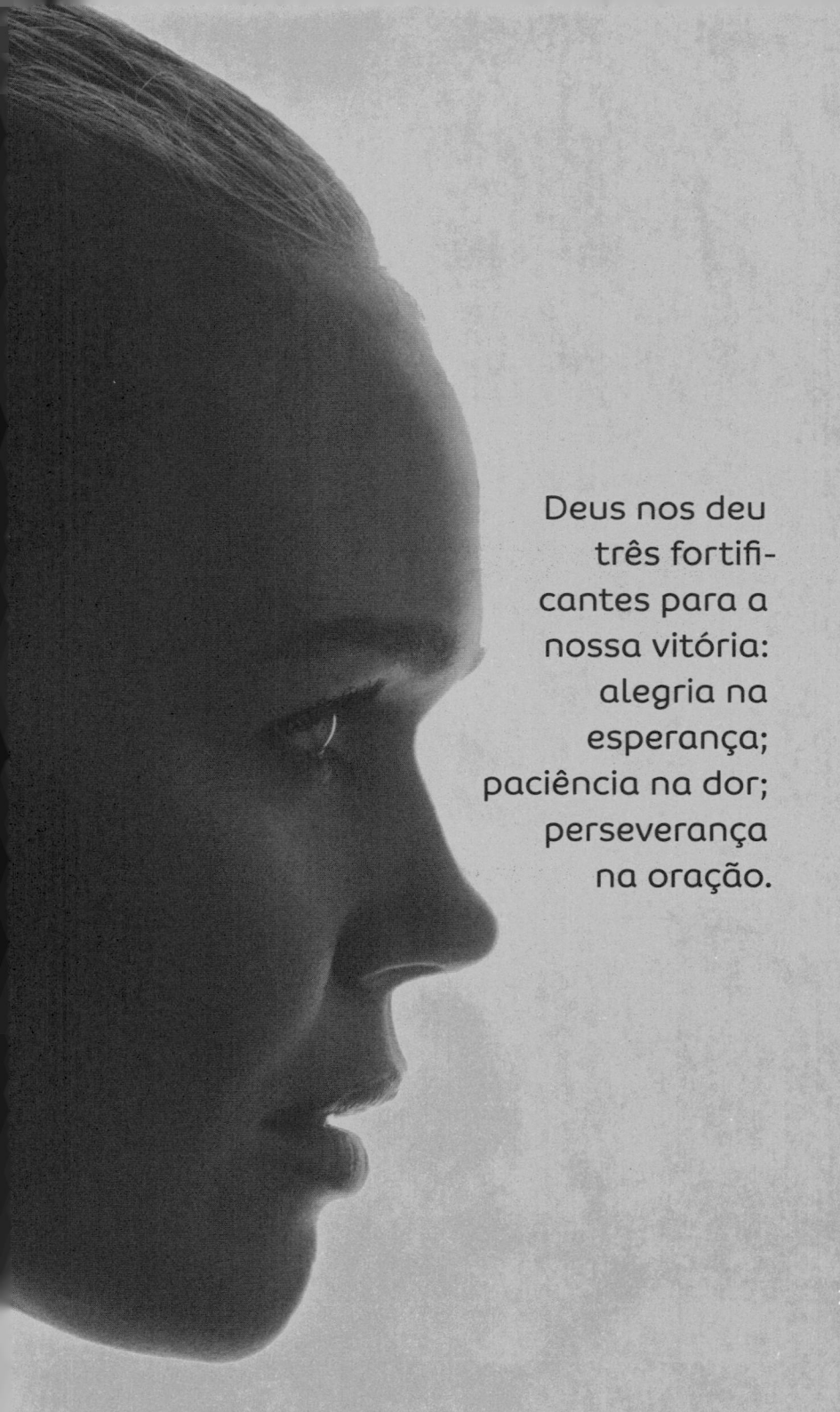

Deus nos deu três fortifi-cantes para a nossa vitória: alegria na esperança; paciência na dor; perseverança na oração.

25

Escultura Divina

*Quando as crises te visitem,
ante os problemas humanos, é
justo medites nos princípios de
causa e efeito, tanto quanto é
natural reflitas no impositivo de
burilamento espiritual, com que
somos defrontados, entretanto,
pensa igualmente na lei de
renovação, capaz de trazer-nos
prodígios de paz e vitória sobre
nós mesmos, se nos decidimos
a aceitar, construtivamente,
as experiências que se
nos façam precisas.*

EMMANUEL

Francisco C. Xavier, Emmanuel [Espírito]. *Ceifa de luz*. FEB.

Quando as crises te visitem, ante os problemas humanos, é justo medites nos princípios de causa e efeito, tanto quanto é natural reflitas no impositivo de burilamento espiritual, com que somos defrontados, entretanto, pensa igualmente na lei de renovação, capaz de trazer-nos prodígios de paz e vitória sobre nós mesmos, se nos decidimos a aceitar, construtivamente, as experiências que se nos façam precisas.

EMMANUEL

NINGUÉM HÁ NA TERRA QUE NÃO ESTEJA ENFRENTANDO ALgum tipo de crise. Nosso planeta não é uma estação de férias, mas um campo de experiências, em que a nossa evolução espiritual vai sendo construída paulatinamente. Por isso, a vida vai passando por várias metamorfoses, todas elas acompanhadas das "dores do parto", sem as quais dificilmente mudamos nossa visão das coisas, nossos hábitos nocivos, nossos conceitos ultrapassados, nossa maneira de viver, incompatível com a felicidade a que tanto aspiramos.

Isso explica, então, a razão das nossas crises: encruzilhadas evolutivas, em que o homem velho é chamado a dar passagem ao homem novo. A crise é um chamado, por vezes, um grito, cujo objetivo é nos despertar para a necessidade de alguma transformação em nós mesmos. Toda crise é um apelo veemente da Lei de Evolução nos convocando a mudar aquilo que, em nós, se tornou um foco de problemas.

Por tal razão é que a crise representa um processo de burilamento espiritual, isto é, um processo de aperfeiçoamento de nossa alma, que se fixou em condutas disfuncionais (raiva, ódio, desamor, inveja, ciúmes, culpa, mágoa, vitimismo...). Michelangelo, um dos maiores gênios da arte, ao ser elogiado por suas belas esculturas, afirmava que, na verdade, ele não fazia esculturas, pois elas sempre estiveram lá; ele apenas retirava os excessos...

Nós também somos uma obra de arte, uma escultura divina, que ainda não aparece em seu esplendor, por estar momentaneamente encoberta pelos excessos. E os problemas que enfrentamos são como o martelo e o cinzel[80] tirando os excessos de egoísmo e orgulho – matrizes dos nossos padecimentos. Quando estivermos atravessando uma crise, tenhamos essa lembrança de que estamos passando por um tratamento de beleza espiritual e que, ao final dele, nossas condições serão muito melhores do que antes.

Para tanto, é preciso pensar na Lei da Renovação. Sofrer por sofrer não promove a melhoria de ninguém. A dor não é um fim em si mesmo; é apenas um meio de alerta para a necessidade que temos de renovar as nossas atitudes. Nessas horas, devemos nos fazer duas

---

80. Cinzel: instrumento cortante em uma das extremidades, usado especialmente por escultores e gravadores [Silveira Bueno. *Minidicionário da língua portuguesa*. FTD].

perguntas: 1) que mal estou fazendo a mim? 2) que mal estou fazendo ao próximo?

Essas indagações nos permitirão descobrir os excessos que a vida está querendo desbastar. É no conhecimento de nós mesmos que vamos encontrar a chave que nos liberta do sofrimento, pois, detectando o mal que está em nós, estaremos despertos para as pedras de tropeço e, assim, em condições de mudar de caminho, se não quisermos mais o alarme do sofrimento tocando em nossa vida.

Não por outra razão, Jesus afirmou que era o conhecimento da verdade que nos libertaria.[81] Qual é a verdade do nosso sofrimento? Em rápidas palavras, digo que o sofrimento é uma consequência do nosso distanciamento do amor. E tem por objetivo o despertar da nossa consciência para os roteiros de vida que temos escolhido para nós, a fim de que, como fez o filho pródigo da parábola contada por Jesus,[82] voltemos à casa do Pai pelas estradas do amor.

Por isso mesmo, o objetivo da religião deve ser o de promover a expansão da nossa consciência, de modo que a legítima prática espiritual deve ocorrer na intimidade de nós mesmos, no altar do nosso coração. Nenhuma prática religiosa exterior será capaz de mudar a direção da nossa vida, se não deixarmos nossa luz interior se

81. *João* 8:32.
82. *Lucas* 15:11–32.

sobrepor a tudo aquilo que nos distancia da nossa natureza divina. Jesus foi bem categórico a esse respeito, quando disse:

Nem todo aquele que me diz "Senhor, Senhor" entrará no Reino dos Céus, mas sim aquele que pratica a vontade de meu Pai que está nos céus.[83]

De nada adiantará participar das reuniões espirituais nos templos de nossa fé, sem que haja uma readequação do nosso comportamento, segundo aquilo que Deus espera de cada um de nós e que Jesus tão bem expressou no mandamento maior do "amar ao próximo como a nós mesmos". A isso chamamos de "conversão", um processo espiritual que nos chama para deixarmos a rua acidentada das negatividades do egoísmo e do orgulho, para ingressarmos na estrada do amor.

Se a crise chegou para nós, vamos enxergar esse momento como bendita oportunidade de conversão e crescimento rumo à vitória que nos aguarda, deixando surgir a escultura divina que Deus esculpiu em cada um de nós. Deixemos brilhar a nossa luz, para que as trevas desapareçam.

O mundo está precisando de belas esculturas, como você!

---

83. *Mateus* 7:21.

Se a crise chegou para nós, vamos enxergar esse momento como bendita oportunidade de conversão e crescimento rumo à vitória que nos aguarda, deixando surgir a escultura divina que Deus esculpiu em cada um de nós. Deixemos brilhar a nossa luz, para que as trevas desapareçam.

26

Mude de Amores

*Em matéria de felicidade,
convém não esquecer que
nos transformamos sempre
naquilo que amamos.*
ANDRÉ LUIZ

Francisco C. Xavier, André Luiz [Espírito]. *Sinal verde*. CEC.

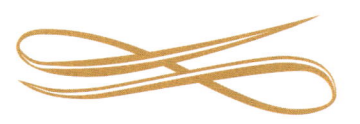

Em matéria de felicidade, convém não esquecer que nos transformamos sempre naquilo que amamos.
ANDRÉ LUIZ

PARA SER FELIZ, É PRECISO AMAR A FELICIDADE!

Amar a felicidade significa fazer aquilo que nos deixa felizes! Quando amamos uma pessoa, fazemos tudo o que está ao nosso alcance para vê-la bem. Muitas vezes, porém, embora desejando a felicidade, tomamos caminhos que nos distanciam dela.

Queremos ser felizes, mas rendemos culto à tristeza sistemática.

Desejamos a felicidade; todavia, a queixa não sai dos nossos lábios.

Almejamos dias ensolarados de felicidade; porém, acabamos nos deixando encobrir pelas nuvens da ingratidão.

Sonhamos com uma felicidade majestosa; no entanto, perdemos o olhar feliz para as coisas simples da vida.

Esperamos pela felicidade, mas amamos os nossos vícios.

Queremos a felicidade para o amanhã, esquecendo que só podemos desfrutá-la hoje.

Procuramos a felicidade fora de nós, ignorando que ela se acha de forma exuberante em nosso mundo íntimo.

Aspiramos a uma felicidade que nos é dada, quando ela só pode ser construída por nós mesmos.

Esperamos pela felicidade com o coração envenenado por ódios e mágoas.

Aguardaremos, em vão, a felicidade, nos sentindo a pessoa mais infeliz do mundo.

Não seremos felizes enquanto sentirmos inveja das pessoas.

Não haverá felicidade enquanto vivermos como crianças mimadas.

Não seremos felizes enquanto vivermos brigando com o mundo.

Não seremos felizes cultuando nossos traumas de infância, nossos complexos de inferioridade, nossas neuroses, nossas feridas emocionais.

Estranhamente, porém, há quem busque um certo prazer na infelicidade. Noto muitas pessoas se sentindo bem contando suas tragédias, suas doenças, seus infortúnios. Quando apresento a elas possíveis caminhos de solução, parecem que não escutam, não se interessam em sair do fundo do poço. Querem continuar se lamentando; assim, parece que se sentem valorizadas, importantes, heroicas, dignas da comiseração alheia…

Cabe, perfeitamente, aqui uma indagação de André Luiz: "Você acredita que alguém pode achar a felicidade admitindo-se infeliz?"[84]

Não queiramos mais, portanto, a "felicidade" de ser triste, a "felicidade" de se sentir perseguido, a "felicidade" de se sentir traído, a "felicidade" de ser culpado, a "felicidade" de ser vingativo, a "felicidade" de se sentir rejeitado, a "felicidade" de se sentir coitado. Tudo isso não é felicidade!

Mude de amores. Deixe os rancores.

Namore a felicidade, apaixone-se por ela, faça tudo por ela.

Assim, ela se casa com você!

---

84. Francisco C. Xavier, André Luiz [Espírito]. *Sinal verde*. CEC.

Mude de amo-
res. Deixe
os ranco-
res. Namore
a felicidade,
apaixone-se por
ela, faça tudo por
ela. Assim, ela se
casa com você!

Liberdade de Ser Feliz

27

Os Espíritos Amigos sempre se mostram dispostos a nos auxiliar, mas é preciso que, pelo menos, lhes ofereçamos uma base. Muitos ficam na expectativa do socorro do Alto, mas não querem nada com o esforço de renovação, querem que os Espíritos se intrometam na sua vida e resolvam os seus problemas. Ora, nem mesmo Jesus Cristo, quando veio à Terra, se propôs resolver o problema particular de alguém... Ele se limitou a nos ensinar o caminho, que necessitamos palmilhar por nós mesmos.

CHICO XAVIER

Carlos A. Baccelli. *O evangelho de Chico Xavier*. Didier.

Os Espíritos Amigos sempre se mostram dispostos a nos auxiliar, mas é preciso que, pelo menos, lhes ofereçamos uma base. Muitos ficam na expectativa do socorro do Alto, mas não querem nada com o esforço de renovação, querem que os Espíritos se intrometam na sua vida e resolvam os seus problemas. Ora, nem mesmo Jesus Cristo, quando veio à Terra, se propôs resolver o problema particular de alguém... Ele se limitou a nos ensinar o caminho, que necessitamos palmilhar por nós mesmos.
CHICO XAVIER

TODO PROCESSO DE AUXÍLIO ESPIRITUAL SE FUNDAMENTA NO princípio do "Ajuda-te e o céu te ajudará". O socorro de Deus não dispensa o esforço humano de superação das dificuldades.

Em vão clamaremos pela intervenção divina, permanecendo de braços cruzados para o trabalho de renovação a que o sofrimento está nos chamando. A dor vem para incomodar o homem a ser melhor do que tem sido. Deus nos criou para o amor; por isso, todas as vezes em que nos afastamos da estrada que nos conduz a esse propósito, acabamos experimentando situações desconfortáveis e dolorosas, cuja finalidade outra não é, que não a de nos trazer de volta aos caminhos do amor.

O egoísmo, com todos os seus filhos, como o orgulho, o ódio, a inveja, o sentimento de posse, a violência e o preconceito, resulta num movimento da alma que se distancia do objetivo com o qual fomos criados, de termos uma vida em harmonia com nós mesmos, com o próximo e com a natureza. Fomos criados dentro desse sistema divino, de modo que, todas as vezes em que essa harmonia é quebrada, a dor aparece como um mecanismo de alarme, para que o equilíbrio seja restabelecido. E, somente quando o bem for restaurado, a dor não terá mais razão de existir.

Allan Kardec indagou aos Espíritos de Luz o que determina a duração do sofrimento do homem na Terra. Eis a sábia resposta:

O tempo necessário ao seu melhoramento. O estado de sofrimento e de felicidade sendo proporcionais ao grau de pureza do Espírito, a duração e a natureza dos seus sofrimentos dependem do tempo que ele precisa para se melhorar. À medida que ele progride e que os seus sentimentos se depuram, seus sofrimentos diminuem e se modificam.[85]

Quando a gente melhora por dentro, a vida melhora por fora!

É nesse contexto que podemos entender essas palavras de Jesus:

Assume logo uma atitude conciliadora com o teu adversário, enquanto estás com ele no caminho, para não

85. Allan Kardec. *O livro dos Espíritos*. Tradução de J. Herculano Pires. LAKE. [questão 1.004] *acontecer que o adversário te entregue ao juiz e o juiz ao guarda e, assim, sejas lançado na prisão. Em verdade te digo: dali não sairás, enquanto não pagar o último centavo.*[86]

Todos nós estamos em algum tipo de prisão! Pode ser a prisão do ressentimento, a prisão da culpa, o cárcere da vingança, as grades do ódio, a detenção num leito de dor, os conflitos de relacionamento com determinadas pessoas e outras tantas situações de vida em que nos sentimos algemados a uma prisão sem fim. Segundo Jesus, é o centavo que ainda não pagamos. E, enquanto não readquirirmos a harmonia perdida, não haverá tratamento espiritual que nos livre das dificuldades do momento.

Por essa razão é que Chico Xavier falou sobre a necessidade do nosso esforço de renovação, sem o qual continuaremos na condição de devedores, sem direito ao alvará de soltura! O que faz minha vida melhorar não é propriamente o ritual religioso que eu pratico, não é tomar o passe, assistir à missa, frequentar o culto. Tudo isso tem o seu valor, mas desde que me leve à transformação pessoal. Se a religião, para mim, for apenas um local de culto exterior, sem nenhuma permeabilidade de minha alma aos propósitos divinos, ficarei na prisão

86. *Mateus 5:25–26.*

que Jesus, simbolicamente, representou na passagem do homem não conciliado com seu próximo.

A dor é esse forte chamado para a nossa reconciliação com a vida! Em alguma medida, estamos em falta com nós mesmos, estamos em falta com nossos semelhantes, estamos em falta com a natureza, com os animais. E o que comprova isso são as doenças emocionais, cada vez mais frequentes; a miséria que cresce, num mundo cada vez mais rico; a tristeza galopante, num mundo com tanto entretenimento; os contatos virtuais tomando o lugar dos contatos humanos; os desastres ecológicos, causados pela volúpia de ganhos.

Não temos mais tempo para as coisas essenciais da vida; vivemos apressados, os filhos crescem e mal percebemos; não temos tempo para os amigos nem para ouvir alguém em aflição, sequer para notar as pessoas que cruzam o nosso caminho todos os dias. Não temos mais tempo para ouvir uma música que nos agrade, para ler um livro que nos ilumine, um tempo para rezar, para comer, para amar…

E gritamos, muitas vezes: "Deus, me ajude!" E o Pai responde: "Reconcilia-te com a vida para sair da sua prisão." Essa é a renovação referida por Chico Xavier! Algo precisamos mudar, algo precisamos fazer. Reconciliarmo-nos com o nosso passado, com o curso que a vida seguiu. Reconciliarmo-nos com a trajetória que fizemos; talvez não tenha sido a melhor, mas foi a possível, de acordo com a maturidade que tínhamos na época. Fazer as pazes com as pessoas que prejudicamos e, até, com as pessoas que nos prejudicaram. Não importa mais quem tem razão. Importa é viver em paz. Reconhecer a parcela vulnerável que cada ser humano carrega dentro de si. Procuremos nos dar bem com aquelas pessoas que nos são difíceis; provavelmente, estamos devendo alguns centavos para elas...

Essas atitudes nada mais são do que a expressão da caridade, única virtude capaz de mudar os nossos destinos na Terra. A melhor proteção espiritual é ser bom; o melhor tratamento espiritual é a bondade, porque é ela que cura a causa dos sofrimentos que estão em nós mesmos. Quando nos lançarmos a esse trabalho de renovação interior, e se formos perseverantes, pouco a pouco, as portas da nossa prisão irão se abrir para desfrutarmos a liberdade de ser feliz!

Caridade, única virtude capaz de mudar os nossos destinos na Terra. A melhor proteção espiritual é ser bom; o melhor tratamento espiritual é a bondade, porque é ela que cura a causa dos sofrimentos que estão em nós mesmos.

28

Na Luz da Vitória

*E assim caminharás na estrada
terrestre, aprendendo a amar e a
construir, auxiliar e suportar com
heroísmo e paciência, até que te
ausentes do Plano Físico na luz
da vitória sobre ti mesmo. E se
perguntares ao Senhor da Vida
o porquê de tudo isso, Ele te dirá
certamente: "Sim, enviei-te os
necessitados do mundo para que
pudesses igualmente atender à
tua necessidade de elevação."*

MEIMEI

Francisco C. Xavier, Espíritos diversos. *Canteiro de ideias.* IDEAL.

E assim caminharás na estrada terrestre, aprendendo a amar e a construir, auxiliar e suportar com heroísmo e paciência, até que te ausentes do Plano Físico na luz da vitória sobre ti mesmo. E se perguntares ao Senhor da Vida o porquê de tudo isso, Ele te dirá certamente: "Sim, enviei-te os necessitados do mundo para que pudesses igualmente atender à tua necessidade de elevação."

MEIMEI

A VIDA NA TERRA NÃO É UM JARDIM DE ROSAS. EMBORA HAJA situações agradáveis, pessoas amorosas, oportunidades valiosas, nem tudo são flores. Indiscutivelmente, todos nos deparamos com momentos turbulentos, portas fechadas, pessoas difíceis de conviver. A experiência física não é um oásis de férias permanentes, mas um campo de lutas, onde se forja o nosso aprimoramento espiritual.

Cada um de nós que vem à Terra vem com um objetivo especial: atender às próprias necessidades de elevação. Jesus nos conclamou a buscarmos a perfeição, assim como perfeito é Deus.[87] E sabemos que essa busca é um processo longo e progressivo, que não se conquista do dia para a noite. Por isso, Deus nos oportuniza as diversas encarnações, para que esse projeto se concretize. Um dia, Jesus foi um Espírito imperfeito, como nós, mas, através de seu esforço, alcançado em diversas etapas encarnatórias, ele chegou à condição do Espírito

---

87. *Mateus 5:48.*

mais puro que surgiu na Terra. Tanto é assim, que Deus nos oferece Jesus como modelo e guia da humanidade.[88]

Alguém poderia questionar o motivo pelo qual Deus nos quer perfeitos. Não seria melhor cada um ficar como está? É uma boa pergunta. No espiritismo, contudo, encontrei uma resposta que me convenceu, pela lógica de seu fundamento: o sofrimento e a felicidade são proporcionais ao grau de pureza do Espírito.[89] Ora, quanto mais o Espírito vai evoluindo em amor e sabedoria, mais ele é lúcido para distinguir o bem do mal, o certo do errado, o que lhe convém daquilo que não lhe convém, fazendo, portanto, boas escolhas e tendo boas atitudes. A consequência outra não será que não a felicidade da colheita de tudo aquilo de bom que ele plantou!

Evidentemente, essa plantação nem sempre se fará em terreno fácil, porque, geralmente, diante das facilidades da vida, pouco ou quase nada nos empenhamos no trabalho de autossuperação. Mas é diante do terreno pedregoso que o lavrador tem que se empenhar com mais afinco, para que a semente brote, vingue e dê frutos. Tenho observado que o homem mais cresce no período de dificuldades. Sem elas, tendemos à acomodação.

Assim, diante das dificuldades que batem à nossa porta, a revolta, o desânimo, o esmorecimento e a fuga

---

88. Ver: Allan Kardec, *O livro dos Espíritos*, questão 625.
89. Ver: Allan Kardec, *O livro dos Espíritos*, questão 1.004.

jamais poderão representar medidas em favor da nossa felicidade. Isso porque, na capacidade de enfrentamento do obstáculo, é que iremos aprimorar os talentos de nossa alma, ainda imperfeita. E os problemas surgem exatamente nas áreas em que nosso Espírito está mais necessitado de elevação!

Algumas pessoas dizem, reclamando: "Tudo na vida eu tenho que conquistar com muita luta, muito esforço, muito suor. Nada cai do céu. Nada vem fácil para mim." É provável que esses Espíritos já tenham tido facilidades em outras experiências e não tenham sabido valorizar as oportunidades recebidas. Desperdiçaram situações favoráveis, caíram na ociosidade, não foram diligentes, perseverantes, atentos, e deixaram a semente sufocar na terra descuidada…

Agora, voltam a uma nova experiência na Terra, para adquirir as virtudes do esforço, da conquista, da perseverança, aproveitar as oportunidades de crescimento, até que, um dia, esses valores estejam definitivamente incorporados ao seu patrimônio espiritual.

Esse simples exemplo pode ser transportado para as demais áreas problemáticas de nossa vida, e cada um descobrirá o que os problemas lhe estão querendo ensinar, que virtude eles lhe estão treinando… Por essa razão, a Espiritualidade nos diz que, em nossas experiências na Terra, precisamos empreender a jornada do herói, aprendendo a amar, a construir, a auxiliar, a sermos pacientes, para que, um dia, possamos deixar este plano na luz da vitória!

Não a vitória sobre os outros, mas a vitória sobre as próprias imperfeições milenares, que tanto nos fazem sofrer! Sei que não sairemos perfeitos desta atual experiência, nem é esse o objetivo. O propósito é de que possamos sair melhores do que quando aqui chegamos. Então, esse negócio de resistir a uma versão melhor de nós mesmos apenas acabará nos criando mais problemas, mais dor, mais sofrimento.

Não vamos mais ceder aos impulsos da revolta porque a vida não tem sido do jeito que gostaríamos! A vida nunca pode estar contra nós, porque nós também somos a vida! Portanto, o que nos parece problema é apenas um meio de que a vida se vale para extrair de nós o melhor que ainda não soubemos oferecer. Esse é o fluxo da evolução. Quando entramos nele, a luz da vitória nos aguarda!

Não vamos mais ceder aos impulsos da revolta porque a vida não tem sido do jeito que gostaríamos! A vida nunca pode estar contra nós, porque nós também somos a vida!

29

Abrir
as Portas
do Céu

*Tem gente que quer ir para
o céu, mas vive fazendo
o que o diabo gosta.*
CHICO XAVIER

Alfredo Nahas. *Meu tributo a Francisco Cândido Xavier.* Signum.

> Tem gente que quer ir para o céu, mas
> vive fazendo o que o diabo gosta.
> **CHICO XAVIER**

CONSTA QUE CHICO XAVIER COSTUMAVA NARRAR A SEUS AMI-gos pitoresca história de um homem que, ao desencarnar, apesar de ser bastante religioso, foi parar nas regiões espirituais inferiores, por conta de seus deslizes morais, ficando, assim, frustrado quanto ao anseio de ser levado ao céu.

Lá, ele ficou por inúmeros anos, vagando em regiões de sofrimento. Até que, um dia, arrependido do mal praticado, ajoelhou-se e rogou a Deus que lhe tirasse daquele local e lhe permitisse trabalhar para o bem do próximo, a fim de que pudesse, finalmente, subir aos céus. Foi, então, que um Espírito de muita luz surgiu-lhe à visão e lhe disse: "Se você quer realmente ir para o céu, aja no inferno como se estivesse no céu, e o céu o ajudará."

A partir desse conselho, o homem, arrependido, mudou seu comportamento. Quando via dois Espíritos brigando, tentava reconciliá-los. Quando via alguém ferido, buscava dar-lhe remédio. Quando encontrava alguém nervoso e irritado, procurava agir com calma e paciência. Quando alguém o acusava, buscava sua paz no perdão. Fez-se companhia dos solitários, amigo dos equivocados, irmão dos sofredores.

E foi assim que suas boas ações chegaram ao conhecimento do chefe daquela região do mal. Chamado a depor para explicar seu estranho comportamento, o homem, agora renovado, afirmou que essa seria a sua conduta dali por diante, que outra coisa não queria fazer, a não ser ajudar os outros.

O representante das trevas, com olhar enigmático, disse-lhe que o inferno não se prestava àquilo, que ele estava perturbando as leis daquele lugar e que, por tal razão, ele seria expulso dali. E foi parar no céu...[90]

Aí está uma história que merece a nossa reflexão, não apenas para nos alertar quanto ao nosso destino depois da morte, mas, sobretudo, para o destino que estamos escolhendo todos os dias. Eu tirei duas lições para mim, as quais gostaria de dividir com você:

I. CADA UM ESTÁ ONDE SE COLOCOU

Na história contada, o homem não foi para as regiões felizes do mundo espiritual porque seus atos aqui, na experiência física, em sua grande maioria, acabaram trazendo infelicidade para o próximo. Machucou

---

90. Adaptação que fiz da narrativa de Alfredo Nahas, de sua obra citada na introdução deste capítulo.

corações, traiu sentimentos, viveu exclusivamente para si mesmo, tratando os demais como objetos do seu prazer, apesar de ser bastante dedicado à religião espírita que professava na Terra. Recordo as palavras de Jesus já citadas neste livro: "Nem todo aquele que me diz 'Senhor, Senhor' entrará no Reino dos Céus, mas, sim, aquele que pratica a vontade de meu Pai que está nos céus."[91] O irmão da história contada por Chico foi um ouvinte da palavra, não um praticante.

O conjunto de seus atos o levou a uma região espiritual equivalente ao padrão do seu comportamento. E tal fenômeno ocorre não apenas no momento da desencarnação, mas já aqui, em nossa esfera física. Cada um de nós está vivendo uma realidade espiritual diferente, compatível com o nível de energia produzido pelo seu modo de viver. Cada um está onde se colocou com seus atos, pensamentos e palavras.

2. MUDE POR DENTRO PARA MUDAR POR FORA

Quando o homem pede a Deus para deixar o inferno, o Espírito de luz que o atende não o transfere imediatamente, mas dá a ele a senha capaz de fazer isso: "Aja no inferno como se estivesse no céu, e o céu o ajudará." Muitas vezes, desejamos que a situação exterior mude, para que nós mudemos depois. E dizemos algo como:

91. *Mateus* 7:21.

"Se eu tivesse um trabalho melhor, eu seria um excelente empregado." "Se eu tivesse uma família bacana, eu seria mais legal em casa." "Se eu vivesse no exterior, eu poderia trabalhar até de garçom." "Se eu não fosse doente, eu faria alguma coisa boa para as pessoas." "Se eu fosse rico, eu ajudaria os pobres." Essas atitudes apenas nos deixam no inferno da inércia e do comodismo. A chave da felicidade é agir positivamente quando a situação for negativa. É no meio da adversidade que podemos mostrar o nosso valor!

Eu vejo o exemplo do nosso Chico Xavier, que teve muitos problemas em sua vida. Ficou órfão aos cinco anos, teve uma infância com muitas privações, experimentou inúmeras enfermidades ao longo da existência, enfrentou preconceitos de toda ordem, pois, como médium, foi acusado de louco e charlatão. Chico Xavier viveu muitos "infernos", mas agiu em todos eles como se estivesse no céu. Nunca revidou uma ofensa. Não se tornou uma pessoa amarga, vingativa ou complexada. A todos tinha uma palavra de bondade, um prato de comida, um livro, um cobertor. Era gentil no trato com as pessoas. Dizia que não tinha inimigos. Ninguém saía de sua presença sem a luz do seu coração.

Alguns dirão: "mas isso é extremamente difícil". Acredito que a dificuldade esteja mais no ato de mudar, de agir diferentemente do que temos feito, de pararmos de exigir um céu que não ajudamos a construir.

No entanto, se olharmos os resultados positivos que alcançaremos com essas mudanças, que nada mais são do que um alinhamento das nossas atitudes com aquilo que Deus espera de cada um de nós, haveremos de entrar no céu aqui na Terra mesmo.

São abençoadas as palavras de Marianne Williamson:

À medida que nos concentramos em ser as pessoas que Deus quer que sejamos, uma trilha de luz se abre diante de nós para aliviar nosso caminho. As circunstâncias começam a se harmonizar à medida que encontramos mais harmonia dentro de nós. Podemos dizer: quando uma situação está no 'fluxo', quando não estamos mais remando contra a maré, quando há menos tensão envolvida em fazer alguma coisa acontecer. O esforço para nos alinhar com o sagrado e bom é nosso maior poder para afetar situações externas.[92]

Quando esse esforço passa a ser o centro de nossa vida, as portas do céu começam a se abrir para nós. ❦

---

[92]. Marianne Williamson. *Graça cotidiana*. Rocco.

Cada um de nós está vivendo uma realidade espiritual diferente, compatível com o nível de energia produzido pelo seu modo de viver. A chave da felicidade é agir positivamente quando a situação for negativa. É no meio da adversidade que podemos mostrar o nosso valor!

30

O Vendedor de Sapatos

Sempre encontrei na prática do bem a mensagem de consolação e o conforto espiritual de que me achava carente. Eu pensava comigo: "Meu Deus, a minha vida não é tão inútil assim!"

CHICO XAVIER

Mucio Martins (org.). *Lições de Chico Xavier de "A" a "Z"*. LEEPP.

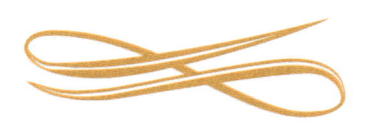

SENDO A VIDA NA TERRA UMA EXPERIÊNCIA EVOLUTIVA, ISTO é, uma experiência em que o Espírito reencarna para crescer, expandir-se, iluminar-se, natural que ele encontre dificuldades, desafios e obstáculos nos mais diversos campos de atividade. Embora nem tudo sejam pedras, a evolução espiritual não deixa de representar o parto de uma nova criatura, que vai se construindo ao longo das vidas sucessivas. E, convenhamos, não há parto sem algum nível de dor!

Todo crescimento gera desconforto, diante da necessidade de mudar, de desapegar-se do que nos faz sofrer, de abandonar a preguiça, de enfrentar o medo do novo, de modificar aspectos negativos da personalidade, do custo emocional que todo amadurecimento exige de cada um de nós. Sem experimentar algum tipo de dor, quase ninguém evolui, quase ninguém se mexe, quase ninguém muda. E, sem mudança, não há evolução! Sem problemas a enfrentar, ainda estaríamos vivendo como o homem primitivo das cavernas.

Em minha experiência, noto que, no mais das vezes, o verdadeiro problema do homem não é tanto a dificuldade que bate à sua porta, mas é a não aceitação da mudança que a dificuldade está exigindo, mudança de sentimentos e comportamentos. Essa minha percepção não destoa da análise da Espiritualidade Superior, para a qual muitas almas aportam do outro lado da vida em estado de perturbação e enfermidade, porque, na Terra, não enfrentaram suas lutas com espírito vitorioso, uma vez que viveram desprevenidas, vacilantes, infantilizadas e trôpegas.[93]

São os soldados que temeram o campo de batalha por falta de fé.

Saíram derrotados por falta de coragem.

Vacilaram quando podiam ser firmes.

Deixaram-se vencer pela dúvida.

Preferiram trilhar a avenida do menor esforço ou do esforço algum.

Escolheram viver como a personagem infantil Peter Pan. Cresceram, mas evitaram assumir responsabilidades e compromissos.

Queixaram-se do tamanho da prova, esquecidos de que Deus jamais colocaria em nossos ombros um peso maior do que somos capazes de suportar!

93. Mensagem do Espírito Inácio Bittencourt. In: Francisco C. Xavier, Espíritos diversos. *Vozes do grande além*. FEB.

Há um pensamento de grande beleza espiritual que reza o seguinte: "A dor é uma bênção que Deus envia aos seus eleitos."[94] À primeira vista, a ideia nos assusta, porque temos dificuldade de compreender a dor como uma bênção. Em regra, procuramos Deus para nos livrar das dores, não para agradecê-las. Mas o ensinamento reside exatamente nesse ponto: Deus nos possibilita passar por uma prova para que, através dela, possamos exatamente desenvolver virtudes que ainda estão dormentes.

E, quando fugimos da luta, seja pela rebeldia, seja pela infantilidade, seja pelo medo, seja pelo comodismo, perdemos a oportunidade do crescimento, a chance da promoção evolutiva, que nos traz a felicidade. Chico Xavier ensina:

> *Devemos entender que é aqui na Terra que o homem passa por transformações até chegar ao aperfeiçoamento. E o que é o aperfeiçoamento do Espírito senão a felicidade?*[95]

Segundo o espiritismo, a felicidade está intimamente associada ao grau de evolução do Espírito. Quanto mais o homem sobe os degraus da evolução, mais lúcido

94. Allan Kardec. *O Evangelho segundo o espiritismo*. Tradução de J. Herculano Pires. LAKE. [cap. IX, item 7]
95. Francisco C. Xavier. *Plantão de respostas, Pinga-fogo II*. CEU.

ele se torna, melhores escolhas ele faz, mais amor ele tem, mais humildade ele adquire, mais gentil ele é, mais sábio ele fica e, com mais facilidade, compreende o seu próximo.

Ora, fácil deduzir que o conjunto dessas virtudes só pode trazer ao homem a felicidade que ele tanto procura. Agora, recusando-se a evoluir, permanece o homem preso aos sentimentos de egoísmo e orgulho, que o tornam individualista, insensível às pessoas que o cercam, com olhos só para si, intolerante, preconceituoso, ciumento, invejoso, agressivo, predatoriamente competitivo, e com toda uma gama de comportamentos que minam qualquer chance genuína de felicidade.

Vê-se, pois, que evoluir é uma grande vantagem! Quem adia as suas provas, quem não as enfrenta com espírito de coragem, quem se recusa a ser uma pessoa melhor, na verdade, está adiando a sua evolução e, com isso, a própria felicidade!

Para que não venhamos mais retardar o nosso progresso espiritual, para que as provas não nos atemorizem tanto, para que as dores do parto não impeçam a nossa marcha, eu apresento algumas recomendações espirituais que, uma vez utilizadas, acenderão a luz da nossa vitória diante dos obstáculos. Vamos a elas.

1. DEDIQUE-SE FIRMEMENTE À ORAÇÃO

A prece é nosso diálogo com Deus. Diálogo franco, simples, sem palavras que não sejam aquelas que nasçam do coração. A gente não engana Deus com palavras bonitas. O Pai lê a nossa alma. Portanto, que estejamos de alma aberta para Deus, sem vergonha do que somos e sem medo de sermos julgados. A oração é um momento de comunhão, de socorro, alívio e orientação divina. É uma das mais eficientes terapias espirituais!

De preferência, ore ao amanhecer e antes de dormir. Isso não quer dizer que você não possa orar em outros momentos do dia. Mas a oração ao amanhecer prepara e fortalece o nosso Espírito para as ocorrências do dia, e, assim, vamos nos sentindo mais equilibrados, num mundo cada vez mais desafiador. A prece ao anoitecer tem excelente função reparadora dos desgastes energéticos experimentados durante o dia, dissolvendo nossas tensões ao influxo da paz com que Deus envolve os filhos que lhe pedem amparo.

2. ALIMENTE-SE DE BOAS PALAVRAS E BOAS IMAGENS

Durante o dia, procure ler algum livro que o inspire a viver positivamente. Mensagens de ânimo, consolo e esclarecimento espiritual funcionam como remédio para a nossa alma, muitas vezes abatida pelos desafios da vida. A leitura de um livro que nos edifica espiritualmente promove a renovação dos nossos pensamentos, e isso será um grande passo para a renovação das nossas atitudes.

Também procure se fixar em imagens positivas. Contemple o céu de anil, o movimento das nuvens, o nascer ou o pôr do sol, uma plantinha nascendo no meio do concreto, o sorriso ingênuo de uma criança, a beleza da chuva lavando as ruas, o céu bordado de estrelas, a lua clareando a noite, os amantes trocando juras de amor. Essas imagens nos dão aquela sensação que Gonzaguinha tão bem registrou:

> *Eu sei que a vida devia ser bem melhor*
> *E será*
> *Mas isso não impede que eu repita*
> *É bonita, é bonita, é bonita…*[96]

3. VOCÊ É MUITO MAIS DO QUE PENSA SER

Quando os problemas desabam sobre nós, acabamos distorcendo a nossa imagem. Uma sensação de impotência nos invade, a ideia de que o problema é infinitamente maior do que nós derruba a nossa autoestima, e, por consequência, nos jogamos na lona dos derrotados e dificilmente cremos que possamos nos levantar.

Mas podemos! Nenhum problema vem para nos destruir. Pode nos abalar, sim; destruir, nunca! A prova

---

96. Canção intitulada *O que é, o que é?*

vem para que nos tornemos mais fortes; vem para nos convencer de que somos mais poderosos do que imaginamos; para nos mostrar que estamos vivendo aquém das nossas capacidades e que chegou a hora de derrubar as cercas limitantes que colocamos para nós mesmos. Como escreveu o apóstolo Paulo, Deus não nos deu um espírito de medo, mas de fortaleza, de amor e de sabedoria.[97] Medite todos os dias nessas palavras, interiorize-as, pois elas refletem o que, de fato, somos, e de que nos esquecemos frequentemente.

4. É DANDO QUE SE RECEBE

Você pode estar estranhando essa proposta, pois uma pessoa com problemas está precisando ser ajudada, e não ajudar. É verdade. Mas o melhor meio de receber ajuda é prestar ajuda. A prática da caridade é a melhor terapia espiritual para sairmos da negatividade em que os problemas nos mergulharam. Quando estamos envolvidos em uma dificuldade, geralmente, não pensamos em outra coisa. Nossos problemas se tornam os maiores do mundo, nossas dores se tornam as únicas, e a sensação é a de que somos a pessoa mais desventurada do planeta. E passamos, então, a ser o próprio problema!

Era assim que eu me encontrava há quase vinte anos. Enfrentando dificuldades íntimas, sentia-me um

97. *2 Timóteo* 1:7.

pobre infeliz. Até que, certa noite, tive um sonho com Chico Xavier. Estava num enorme local, onde Chico atendia os sofredores. Havia uma fila imensa para falar com ele, e eu estava nessa fila. Quando chegou minha vez, entrei numa sala e avistei Chico sentado próximo a uma grande mesa, e notei que seus olhos eram duas bolas de luz que me penetravam a alma. Sem dizer uma só palavra, rompi num pranto emocionado, ao que Chico me disse: "Meu filho, vamos enxugar as lágrimas do próximo, para que Deus enxugue as nossas."

Logo em seguida, ainda no sonho, ele me chamou para ficar ao seu lado e me mostrou um par de sapatos, propondo-me ajudá-lo a vendê-los, a fim de que conseguíssemos dinheiro para os pobres. E o sonho acabou nesse ponto. Mas eu fiquei com a certeza de que havia sido chamado a dar um novo rumo à minha vida, que, até então, estava totalmente centrada em minhas próprias necessidades, insensível ao sofrimento do meu próximo. Convenci-me de que vivia egoisticamente, de que pedia ajuda a Deus para meus problemas, mas não me interessava em ajudar os outros irmãos, que também são filhos de Deus, tanto quanto eu. Eu ia ao centro espírita, estudava a doutrina, mas não saía da minha casca dura.

Senti que isso precisava mudar e, aos poucos, fui me engajando em atividades de amparo aos menos favorecidos, e pude então sentir inúmeras vezes que meus problemas eram quase insignificantes, diante daqueles que meus olhos passaram a constatar. Eram irmãos que padeciam dificuldades maiores do que as minhas, e muitos deles tinham mais fé e mais ânimo do que eu. Várias vezes, voltei envergonhado para casa. E, a partir de então, passei a ter um ânimo novo para lidar com meus problemas, parei de me queixar tanto, parei de me sentir vítima das circunstâncias e adquiri paciência e força para enfrentar minhas lutas.

Algumas dificuldades foram desaparecendo com o tempo, e acredito que isso tenha ocorrido pela energia do amor que eu comecei a experimentar, ainda que timidamente. Na verdade, percebi que eu havia mudado um milímetro para melhor, mas isso já era o suficiente para constatar que, quando a gente melhora por dentro, a vida melhora por fora.

Contudo, pairava uma dúvida quanto ao sonho com Chico: o que ele queria dizer com a história de vender sapatos? Passei muito tempo matutando sobre o assunto, até que alguns amigos, que não sabiam do meu sonho, me sugeriram a ideia de escrever um livro com as reflexões que eu fazia nas pequenas palestras de um centro espírita. E logo emendaram: o dinheiro do livro você pode reverter aos pobres...

Entendi que essa poderia ser a senha que me faria compreender melhor o que seria, para mim, vender sapatos...

Este livro que você tem às mãos é o vigésimo "sapato" lançado desde então, nada recebendo eu, em termos financeiros, pelo mais de um milhão de exemplares surpreendentemente vendidos ao longo desses anos. Todos os "sapatos" se convertem em alimento, remédio e assistência a mais de cem mil necessitados. Mas tenho recebido tanto amor dos leitores, tenho aprendido tanto com tudo aquilo que escrevo, tenho feito tantos amigos e, sobretudo, sinto que minha vida não é mais inútil como era antigamente, que recompensa maior não há!

Sei que a caridade não pode se restringir ao amparo material. Estou me educando espiritualmente para que eu seja caridoso no olhar, no ouvir, no falar, no sentir, no perdoar. Nem sempre consigo, confesso. Por isso, continuo escrevendo e falando, para que, repetindo o que já sei, eu possa me tornar uma pessoa melhor. Não perfeita, mas melhor…

Caro leitor, hoje, coloquei em suas mãos mais um singelo "sapato". Espero que ele sirva em seus pés cansados e que o ajude a andar na luz da vitória, com uma vida mais centrada na fé, na esperança e no amor.

E que os olhos de Chico Xavier, iluminados por Jesus, continuem brilhando, para todos nós!

Apresento algumas recomendações espirituais que, uma vez utilizadas, acenderão a luz da nossa vitória diante dos obstáculos:

1. Dedique-se firmemente à oração.
2. Alimente-se de boas palavras e boas imagens.
3. Você é muito mais do que pensa ser.
4. É dando que se recebe.

Referências Bíblicas

Bíblia de Jerusalém. Paulus.

O novo testamento. Tradução de Haroldo Dutra Dias. FEB.

A bíblia sagrada. Tradução de João Ferreira de Almeida. Sociedade Bíblica do Brasil.

Bíblia de estudo – nova tradução na linguagem de hoje. Sociedade Bíblica do Brasil.

Novo testamento – nova tradução na linguagem de hoje. Sociedade Bíblica do Brasil.

Novo testamento e Salmos. Tradução da CNBB. Canção Nova.

na Luz da Vitória

InterVidas

DIRETOR GERAL
Ricardo Pinfildi

DIRETOR EDITORIAL
Ary Dourado

CONSELHO EDITORIAL
Ary Dourado, Julio Cesar Luiz,
Ricardo Pinfildi, Rubens Silvestre

DIREITOS DE EDIÇÃO
Editora InterVidas (Organizações Candeia Ltda.)
CNPJ 03 784 317/0001–54   IE 260 136 150 118
Rua Minas Gerais, 1520 Vila Rodrigues 15 801–280 Catanduva SP
17 3524 9801   www.intervidas.com

DADOS INTERNACIONAIS DE CATALOGAÇÃO NA PUBLICAÇÃO (CIP BRASIL)

D366n

DE LUCCA, José Carlos [*1961].
   Na luz da vitória / José Carlos De Lucca. – Catanduva, SP: InterVidas, 2018.

   272 p. : il. ; 15,5×22,5×1,45 cm

   ISBN 978 85 60960 21 7

1. Evangelho.   2. Espiritismo.   3. Comportamento.
4. Reflexões.   5. Chico Xavier
I. Título.

CDD 133.93   CDU 133.7

ÍNDICES PARA CATÁLOGO SISTEMÁTICO
I. Evangelho : Espiritismo : Comportamento : Reflexões : Chico Xavier
133.9

INTERVIDAS
1ª ed. premium e especial | set./2018 | 25 mil exemplares
1ª ed. premium, 2ª tiragem | set./2018 | 10 mil exemplares

Impresso no Brasil   *Printed in Brazil   Presita en Brazilo*

Colofão

TÍTULO	*Na luz da vitória*
AUTORIA	José Carlos De Lucca
EDIÇÃO	1ª premium, 2ª tiragem
EDITORA	InterVidas (Catanduva SP)
ISBN	978 85 60960 21 7
PÁGINAS	272
TAMANHO MIOLO	15,3 × 22,5 cm
TAMANHO CAPA	15,5 × 22,5 × 1,45 cm (orelhas de 9 cm)
CAPA	Ary Dourado
PREPARAÇÃO DE ORIGINAIS	Alexandre Caroli Rocha
REVISÃO	Alexandre Caroli Rocha
PROJETO GRÁFICO	Ary Dourado
DIAGRAMAÇÃO	Ary Dourado
FOTO AUTOR	Denis Mainetti – TraMa Produções
TIPOGRAFIA TEXTO PRINCIPAL	Sabon Next LT Pro 13/17,3
TIPOGRAFIA CITAÇÕES	Sabon Next LT Pro Italic 13/17,3
TIPOGRAFIA NOTAS DE RODAPÉ	Sabon Next LT Pro Demi 11/13,5
TIPOGRAFIA ORNAMENTO	Fleurons 1
TIPOGRAFIA TÍTULO	Branding Light 48/48
TIPOGRAFIA CAPA	Heavenly Bold Branding [Thin, Light e Medium]
MANCHA	103,33 × 162,5 mm, 27 linhas (sem título corrente e fólio)
MARGENS	17,2:25:34,4:37,5 mm (interna:superior:externa:inferior)
COMPOSIÇÃO	Adobe InDesign CC 13.1 (Windows 10)
PAPEL MIOLO	ofsete Suzano Alta Alvura 75 g/m²
PAPEL CAPA	papelcartão Suzano Supremo Alta Alvura 300 g/m²
CORES MIOLO	2 × 2 – preto e Pantone P 10-8 U (CMYK 0:27:100:0)
CORES CAPA	4 × 1 – CMYK × Pantone P 10-8 U

TINTA MIOLO	Seller Ink
TINTA CAPA	Seller Ink
PRÉ-IMPRESSÃO	CTP em Platesetter Kodak Trendsetter 800 III
PROVAS MIOLO	HP DesignJet 1050C Plus
PROVAS CAPA	HP DesignJet Z2100 Photo
PRÉ-IMPRESSOR	Lis Gráfica e Editora (Guarulhos SP)
IMPRESSÃO	processo ofsete
IMPRESSÃO MIOLO	Heidelberg Speedmaster SM 102 2P
IMPRESSÃO CAPA	Komori Lithrone S29
ACABAMENTO MIOLO	cadernos de 32 e 8 pp., costurados e colados
ACABAMENTO CAPA	brochura com orelhas, laminação BOPP fosco, verniz UV brilho com reserva
IMPRESSOR	Lis Gráfica e Editora (Guarulhos SP)
TIRAGEM	10 mil exemplares (premium)
TIRAGEM ACUMULADA	35 mil exemplares (premium e especial)
PRODUÇÃO	setembro de 2018

InterVidas

|| viva além! >>